# 1 Ernährung bei Divertikulitis

Diese Empfehlungen bitte immer mit Ernährungsberater/in, Arzt oder Diätologen/in absprechen! Die Rezepte und Zutatenlisten unterstützen die medizinischen Therapien.

Die Kalorienangaben frischer Zutaten (Obst und Gemüse) und die Inhaltsstoffe schwanken je nach Qualität und Erntezeit. Die Inhalte wurden von einer Diätologin und einer Ernährungsberaterin für die Traditionelle Chinesische Medizin (TCM) geprüft.

**Autor:**
©2022 Josef Miligui
Liebe Leserinnen und Leser, ich wünsche Ihnen viel Erfolg und gutes Gelingen bei der Umstellung Ihrer Ernährung. Dieses Buch wurde aus eigener Erfahrung mit Krankheit und Ernährung geschrieben und ich habe schon immer das Zubereiten guter Speisen geschätzt. Wenn Sie nicht so geübt sind im Kochen, empfiehlt sich ein Kurs bei Ernährungsberatern oder Diätologen, die Ihnen die Grundlagen der Kochmethoden sowie die richtige Verarbeitung der Zutaten vermitteln können. Anhand der Lebensmittellisten aus diesem Buch können Sie weitere Rezepte entwickeln und entdecken.

**Quelle:**
Die Listen werden aus der EBNS-Datenbank für die Ernährungsberatung generiert. Die Datenbank wird von Ernährungsberater, Therapeuten und Ärzte für die Beratung der Patienten/Klienten verwendet und ermöglicht eine Kombination mehrerer Syndrome.

**Literaturliste:**
Wir haben die Unterlagen als Wissensbasis genutzt und an unsere Erfahrungen angepasst und ergänzt.
www.ebns.at

**Herstellung und Verlag:**
BoD – Books on Demand, Norderstedt
ISBN: 9783842374089

AF211465

# DIÄTETIK - Gastrointestinaltrakt - Dünndarm und Dickdarm - Divertikulitis

## (Buch: 019)

## 1.1   Vorwort

Die Weltgesundheitsorganisation (WHO) davon spricht, dass bis zu 80% der Erkrankungen durch äußere Faktoren wie Ernährung, Lebensstil, Umweltgifte und dergleichen beeinflusst werden.

Welche Faktoren also jeder einzelne von uns aktiv beeinflussen kann und somit seine Chancen auf Erhöhung der allgemein Gesundheit erzielen kann, darum geht es auf den folgenden Seiten.

Der Fokus in diesem Buch liegt auf dem Faktor mit der größten Hebelwirkung - der Ernährung.
Schon Hippokrates hat einst gesagt "Lass die Nahrung deine Medizin sein und Medizin deine Nahrung!" Kräuterpädagog:innen heute sagen so: "Es gibt für jede Krankheit das richtige Kraut."

Egal wie wir es drehen und wenden, wir sind was wir essen (und was unser Essen gegessen hat). Der moderne Mensch sieht sich gerne isoliert von seiner Umwelt. Wir entstehen aus unserer Umwelt, wir leben inmitten von ihr und wenn wir sterben gehen wir wieder in unsere Umwelt über. Während wir leben essen wir das, was in unserer Umwelt wächst (oder in Fabriken chemisch erzeugt wird). Diese Nahrung liefert die Energie und Bausteine, für den eigenen Körper, für den

Stoffwechsel, Zellerneuerung, den Hormonhaushalt und damit für unser gesamtes Sein, die Gesundheit und unser Empfinden.

Hier ein paar Grundbausteine, bevor in dem Buch noch näher auf Ernährungsfaktoren eingegangen wird, die sozusagen der kleinste gemeinsame Nenner der meisten Ernährungsphilosophien sind:

- Saisonalität
  - Winterpflanzen, wie zum Beispiel verschiedene Kohlgewächse, versorgen uns mit Unmengen von Vitamin C und Bitterstoffen. Zwei Faktoren, die unser Immunsystem bei der Abwehr von der Kälte und den typischen Infekten in der Winterzeit unterstützen.
  - Sommerpflanzen wie zum Beispiel Gurken, Tomaten aber auch Zitrusfrüchte kühlen unseren aufgeheizten Körper und versorgen uns mit viel Wasser.
  - Außerdem müssen bei saisonalen Pflanzen weniger chemische Helferlein eingesetzt werden, da die passenden Umweltfaktoren das Wachstum sowieso fördern.
- Regionalität
  - Damit einher geht auch der Faktor der Regionalität. Regionale pflanzliche Lebensmittel werden reif geerntet und haben somit alle Nährstoffe entwickeln können. Im Gegensatz dazu wird Obst und Gemüse aus ferneren Ländern unreif geerntet und nur durch den Einsatz von chemischen Mitteln unnatürlich "nachgereift" - bzw. nur nach-gefärbt. Die Dichte der Nährstoffe und auch der Geschmack kann dabei niemals mit regionalen Lebensmitteln mithalten. (Sie haben es vielleicht schon selber erlebt, dass eine Südfrucht aus dem jeweiligen Ursprungsland dort im Urlaub viel süßer und vollmundiger schmeckt als die gleiche Frucht aus dem zentraleuropäischen Supermarkt).
- Pflanzenbasierte Ernährung
  - Ja, diese Basis teilen selbst die Anhänger der Fleischdiät mit den Veganern. Denn bei der Fleischdiät geht es auch um Fleisch von Tieren, die sich artgerecht, sprich von vielen Gräsern und Kräutern ernährt haben. Die Masse an Getreide in der heutigen Ernährung - egal ob bei Mensch oder Tier - entspricht nicht der natürlichen Ernährungsweise. Sie macht uns

krank, dick und manche behaupten sogar dumm (das weist auf die Schädigung der neuronalen Netzwerke hin, die durch den Konsum von Kohlenhydraten passiert hin). Pflanzen im Sinne von Gemüse, Kräutern, Salaten, Sprossen, in geringen Mengen Obst, Nüsse, Samen, etc. liefern neben den viel beschriebenen Vitaminen und Mineralstoffen vor allem sekundäre Pflanzenstoffe, die herausragende Heilwirkung haben. So werden eine Vielzahl unserer Medikamente auf Basis der natürlich vorkommenden Pflanzenstoffe nachgebaut. Allerdings sind da diverse Säuren und andere Wirkstoffe extrahiert und wirken nur alleine - mit den Pflanzen selbst nehmen wir sie in einer reichhaltigen und sich gegenseitig verstärkenden Kombination vielerlei wirksamer Stoffe zu uns.

Ja zusätzlich zu diesen 3 großen Punkten gibt es immer noch sehr viel zu beachten. Ein optimales Verhältnis von Omega 3 zu Omega 6 Fettsäuren (empfohlen wird 1:3), eine individuell und situationsbedingte Eiweißversorgung und so weiter.

Eine ganz gute und einfache Richtlinie für die alltägliche Ernährung bietet der ideale Teller. Der sieht so aus, dass möglichst jede Mahlzeit zur Hälfte aus pflanzlichen Bestandteilen besteht, ein Viertel der Eiweißversorgung dient und ein Viertel die Mahlzeit durch gute Fette und eventuell Kohlenhydrate abrundet.

Die Feinjustierung rund um die Zubereitungsarten, die Zusammenstellungen und so weiter sehe ich als sehr individuell an. Es gibt meines Erachtens nicht die 1 perfekte Ernährung. Es gibt so viele großartige Philosophien und Studien, die alle wunderbare Heilungen berichten und sich dabei aber gegenseitig ausschließen. Was auf den ersten Blick vielleicht paradox wirkt, eröffnet bei näherer Betrachtung ganz viele Möglichkeiten des Probierens und neuer Chancen.

Neben der Ernährung werden noch folgende Faktoren genannt:
- die Giftstoffbelastung in unserer Umwelt sowie in Pflegeprodukten oder eben in der Ernährung
- eine Balance aus Aktivität, (kurzzeitigem) Stress und der Entspannung wie auch Schlaf
- Aufarbeitung der emotionalen Wunden aus der Vergangenheit und Steigerung der Resilienz
- Biologische Zahnheilkunde

- eine optimierte Versorgung durch Heilkräuter, Heilpilze udgl.
- Früherkennung durch bewährte und schonende Verfahren

## 1.2 Beschreibung

Unter Divertikulose versteht man Ausstülpungen von Darmwandschichten, welche vornehmlich im Dickdarm vorkommen. Am häufigsten findet man Divertikel im sog. Kolon sigmoideum, dem untersten Dickdarmabschnitt, der im linken Unterbauch lokalisiert ist. Als Ursache für die Bildung von Divertikel, die an den Schwachstellen der Darmwand - den Eintrittstellen der Gefäße - entstehen, werden eine ballaststoffarme Kost, gesteigerte Darmdrücke (wie z.B. bei Verstopfung) und altersbedingte Darmwandveränderungen angesehen. Die Divertikulose gehört zu einer der häufigsten Zivilisationskrankheiten in der westlichen Welt, bis zu 50% der Bevölkerung sind betroffen.
Symptome:
In der überwiegenden Zahl der Fälle hat man keine Beschwerden. Erst, wenn sich Divertikel entzünden, können folgende Beschwerden auftreten:
Schmerzen im linken Unterbauch, die denen der Blinddarmentzündung ähnlich sind. Völlegefühl, Stuhlunregelmäßigkeiten, Beschwerden beim Wasserlassen, Fieber
Ernährung im chronischen Stadium: Hier ist eine Schonkost für Sie empfehlenswert.

## 1.3 Therapiestrategie

Die Therapie der Divertikulitis besteht zuerst in Nahrungskarenz. Zur Linderung der Beschwerden hat sich eine ballaststoffreiche Ernährung bewährt.
Empfehlenswert sind vor allem Getreideballaststoffe. Sie sind beispielsweise enthalten in Vollkornbrot, Kleie und Müslimischungen. Da fertigen Müslimischungen meist Zucker zugesetzt ist, empfiehlt es sich, das Müsli selbst herzustellen. Auch Nüsse und Mandeln passen gut in Ihren Speiseplan. Besonders gesund sind für Sie darüber hinaus Kartoffeln, Obst, Salat und Gemüse, vor allem Hülsenfrüchte (Erbsen, Bohnen), denn sie enthalten viele Ballaststoffe. Wenn Sie bislang wenig Vollkornprodukte gegessen haben, muss sich Ihr Darm erst an die Ernährungsumstellung gewöhnen.
Während der Übergangzeit - sie dauert etwa eine Woche - kann es vorübergehend zu leichten Leibschmerzen und Blähungen kommen. Weiterhin sollten Sie möglichst viel trinken, mindestens 2 Liter am Tag!

Dies unterstützt Ihre Verdauung zusätzlich.
Milch- und Fruchtsäure (enthalten beispielsweise in Joghurt oder
Äpfeln) dagegen fördern die Darmtätigkeit.
Auch Bewegung empfiehlt sich um die Darmtätigkeit anzuregen.
Problematisch in der Ernährung sind unverdauliche Körner und Kerne,
wie Leinsamen, Himbeerkerne usw., da sich diese schwer kauen lassen
und sich dann in den Divertikeln verfangen können und so
Entzündungen auslösen.

## 1.4 Vermeiden

Meiden Sie Weißmehlprodukte, Zucker und größere Mengen an
Fleisch, Wurst, Käse und Fisch. Diese Lebensmittel sind für Sie nicht
geeignet, denn Sie enthalten nur wenig Ballaststoffe. Meiden Sie
weiters Körner.
Neigen Sie leicht zu Verstopfung? Dann sollten Sie zusätzlich alle
Lebensmittel meiden, die einen stopfenden Effekt haben. Dies sind z.
B. starker Schwarztee, Rotwein, Kakao sowie kakaohaltige
Lebensmittel.

# 2 Speiseplan

## 2.1 Frühstück

Aufgeschlagene Banane................................................................ 144,0
Bananen-Sojamilch....................................................................... 125,8
Birnensaft...................................................................................... 180,0
Buddhistische Reissuppe ............................................................ 279,8
Cranberrisaft ................................................................................... 43,5
Dinkelgrießbrei mit Beeren der Saison ...................................... 243,5
Gemüse-Grieß-Suppe ................................................................. 198,9
Gerstenschrotsuppe .................................................................... 265,4
Getreidekaffee mit Kardamom........................................................ 3,6
Grießbrei mit Banane................................................................... 307,3
Heißes Wasser mit Traubensaft .................................................. 87,0
Hüttenkäse mit gedünstetem Obst ............................................. 214,5
Karotten- Reisschleimsuppe........................................................ 101,0
Kartoffelpuffer .............................................................................. 893,3
Kompott aus Äpfeln ....................................................................... 67,3
Kuzusuppe in der Früh ................................................................... 2,2
Kuzuwasser .................................................................................... 6,8
Magentee........................................................................................ 3,0
Olivenöl mit Zitronensaft ............................................................... 93,0
Preiselbeer-Joghurt-Mix................................................................ 57,1
Quarkknödel auf Erdbeermus...................................................... 553,3
Reis mit Pastinake ....................................................................... 206,5
Reis-Dulse-Suppe......................................................................... 190,9
Reispudding.................................................................................. 316,2
Rosmarinkartoffeln........................................................................ 188,7
Rührei mit Rucola und Kräutern ................................................. 360,0
Tee aus Anissamen ........................................................................ 2,8
Tee aus Fenchel ............................................................................. 0,0
Tee aus Holunderblüten ................................................................. 7,1
Tee aus Ingwer mit Honig............................................................... 4,9
Tee aus Koriander .......................................................................... 2,4
Tee aus Kümmel.............................................................................. 2,5
Tee aus Majoran.............................................................................. 0,7
Ungarischer Reissalat.................................................................. 421,5
Vanillepudding .............................................................................. 254,7

## 2.2 Jause

## 2.3 Mittag

## 2.4   Nachmittag

## 2.5   Abend

# 3 Rezepte

empfehlenswert = Sie können mehr verwenden
wenig = wenn möglich weniger verwenden
weniger als angegeben = möglichst nicht verwenden

## 3.1 Aubergine mit Olivenöl und Kurkuma

Fördert Durchblutung, lindert Entzündung und Schmerzen, fördert
Verdauung, hilft Fett zu verdauen, ist harntreibend, senkt Blutdruck.
Anzahl Portionen: 2
Kalorien p. Portion 432
Gramm p. Portion 321,5
Kochdauer ca. 30 Min.
Allergene: A
(Kohlehydrat:47,45% / Eiweiß & Fett:52,55%)
100g.≈ Eiweiß 6,14g. Fett:30,66g.
µg. - Ph:12,28 Na:20,77 Ka:85,6 Mg:5,48 Ca:7,09 Fe:0,18 Zn:0,05 Col.:0,02 Hsr.:9,67

**Zutaten:**
Aubergine 2 Stück / 300g. (empfehlenswert)
Olivenöl 4 EL / 60g. (wenig)
Tomate 4 Stück / 200g. (wenig)
Kurkuma (Gelbwurz) 1/2 TL / 1g. (ja)
Kümmel 1 Prise / 1g. (empfehlenswert)
Salz 1 Prise / 1g. (wenig)
Weißbrot (Weizenbrot) 4 Scheiben / 80g. (ja)

**Kochanleitung:**
Aubergine in Scheiben schneiden und mit halbierten Tomaten auf
einem Backblech ausbreiten. Mit Olivenöl beträufeln und mit Kurkuma,
Kümmel und Salz würzen. Im Ofen 20 Min. backen. Mit dem Weißbrot
servieren.

## 3.2 Aufgeschlagene Banane

2 x tgl. essen, reguliert Magen-Darm-Funktion, wirkt stopfend.
Anzahl Portionen: 1
Kalorien p. Portion 144
Gramm p. Portion 150
Kochdauer ca. 7 Min.
(Kohlehydrat:94,54% / Eiweiß & Fett:5,46%)
100g.≈ Eiweiß 1,65g. Fett:0,3g.
µg. - Ph:28 Na:1 Ka:393 Mg:36 Ca:9 Fe:0,6 Zn:0,2 Col.:0 Hsr.:25

**Zutaten:**
Banane 1 Stück / 150g. (empfehlenswert)

**Kochanleitung:**
Banane mit der Gabel zerdrücken oder mit einem Mixstab pürieren.
Mindestens 5 Min. braun werden lassen.

## 3.3 Baby Bananenbrei

Reguliert Magen-Darm-Funktion, schont die Verdauungsorgane,
entgiftet, gut bei Appetitlosigkeit, Blähungen, Darmentzündungen.

Anzahl Portionen:    1
Kalorien p. Portion  236
Gramm p. Portion     255
Kochdauer ca.        10 Min.
Allergene:           AG
(Kohlehydrat:73,65% / Eiweiß & Fett:26,35%)
100g.≈ Eiweiß 3,45g. Fett:8,92g.
µg. - Ph:36,12 Na:1,63 Ka:183,45 Mg:24,69 Ca:9,47 Fe:0,25 Zn:0,14 Col.:9,41 Hsr.:23,92

**Zutaten:**
Wasser 125 ml. / 125g. (ja)
Weizen Flocken 20 g. / 20g. (ja)
Banane 100 g. / 100g. (empfehlenswert)
Butter Bio 1 EL / 10g. (ja)

**Kochanleitung:**
Das Wasser mit den Flocken in einem kleinen Topf verrühren. Bei
schwacher Hitze zum Kochen bringen, 1-2 Min. kochen lassen und
dann von der Kochstelle nehmen. Die Banane in den Topf schneiden,
die Butter zugeben und mit einem Mixstab pürieren. Den Bananenbrei
in einen Teller füllen und das Baby mit dem Löffel füttern. (Der
Nachmittagsbrei wird grundsätzlich nur mit Wasser gekocht. Daher ist
es umso wichtiger, die Fettzugabe nicht zu vergessen, denn sonst hat
Ihr Baby lange vor der nächsten Mahlzeit schon wieder Hunger.) Sie
können statt Butter auch Maiskeimöl nehmen. Besonders dann, wenn
der Brei nicht mehr so heiß ist, verteilt sich das Öl leichter und
angenehmer. Wenn Sie statt Weizenflocken Buchweizen-, Hirse-, Mais-
oder Reisflocken verwenden, ist der Brei glutenfrei.

## 3.4 Baby Frühlingsgemüse

Harntreibend, unterstützt die Verdauung, harmonisiert Magen und Darm, leitet Darmwinde ab, bakterizid, stärkt Immunsystem.

Anzahl Portionen: 8
Kalorien p. Portion 64
Gramm p. Portion 143,12
Kochdauer ca. 1 1/2 Stunden
Allergene: G
(Kohlehydrat:67,96% / Eiweiß & Fett:32,04%)
100g.≈ Eiweiß 1,96g. Fett:2,27g.
µg. - Ph:4,69 Na:3,35 Ka:28,47 Mg:3,02 Ca:6,1 Fe:0,15 Zn:0,01 Col.:0,07 Hsr.:2,73

**Zutaten:**
Karotte (Mohrrübe, Möhre) 500 g. / 500g. (empfehlenswert)
Kohlrabi 500 g. / 500g. (ja)
Butter Bio 2 EL / 20g. (ja)
Wasser 125 ml. / 125g. (ja)

**Kochanleitung:**
Das Gemüse gründlich waschen. Karotten und Kohlrabi putzen und schälen. Von den Kohlrabi einige zarte Blätter fein hacken und beiseite legen. Die Karotten und die Kohlrabi grob raspeln. Die Butter zerlassen, Wasser und Gemüse zugeben und bei mittlerer Hitze etwa 30 Min. garen. Dabei ab und zu umrühren. Das Gemüse samt Kochflüssigkeit auf etwa 8 Tiefkühlbeutel zu Portionen à 100-150 g (je nach Alter des Kindes) verteilen. Die Beutel verschließen, ganz abkühlen lassen und einfrieren (etwa 3 Monate haltbar). Bei Bedarf auftauen lassen, aufkochen und mit 80 g Pellkartoffeln und einem Ei vermischen. Das Rezept kann einfach variiert werden, wenn man Blumenkohl, Erbsen oder Zucchini verwendet.


## 3.5 Bad mit Lavendel

Beruhigend, regeneriert das zentrale Nervensystem. Gut bei Unruhezuständen, Einschlafstörungen, Appetitlosigkeit und nervösen Darmbeschwerden.

Anzahl Portionen: 2
Kalorien p. Portion 0
Gramm p. Portion 2,5
Kochdauer ca. 10 Min.
(Kohlehydrat:0% / Eiweiß & Fett:0%)
100g.≈ Eiweiß 0g. Fett:0g.
µg. - Ph:0 Na:0 Ka:0 Mg:0 Ca:0 Fe:0 Zn:0 Col.:0 Hsr.:0

**Zutaten:**
Lavendelblüten 1 Säckchen / 5g. (ja)

**Anleitung:**
Bad einlassen und ein zugebundenes Stoffsäckchen mit dem Lavendel in das Wasser geben und 10 Minuten ziehen lassen. Das Säckchen kann mehrmals ausgedrückt werden, bevor man es herausnimmt.

## 3.6 Bananen-Sojamilch

Gut bei Appetitlosigkeit, Mundschleimhautentzündung. Stärkt Körperenergie, fördert Verdauung, lindert Schmerzen, entgiftet, bakterizid.

Anzahl Portionen: 2
Kalorien p. Portion 126
Gramm p. Portion 263
Kochdauer ca. 5 Min.
Allergene: E
(Kohlehydrat:59,53% / Eiweiß & Fett:40,47%)
100g.≈ Eiweiß 7,49g. Fett:4,14g.
µg. - Ph:21,94 Na:251,11 Ka:110,08 Mg:13,31 Ca:9,78 Fe:0,4 Zn:0,11 Col.:0 Hsr.:33,68

**Zutaten:**
Banane 1 Stück / 120g. (empfehlenswert)
Sojabohnenmilch 400 ml. / 400g. (wenig)
Honig 1 TL / 3g. (wenig)
Zimtpulver 1 Prise / 1g. (ja)
Acerola Fruchtnektar oder Pulver 1 TL / 2g. (wenig)

**Kochanleitung:**
Banane in Stücke schneiden, mit Sojamilch, Acerola, Honig und Zimt mit dem Mixstab pürieren.

## 3.7 Basmatireis + Zucchini-Tofupfanne

Harntreibend, harmonisiert Milz und Magen, lindert Blähungen. Gut bei Übergewicht und Bluthochdruck. Antioxidativ, fördert Verdauung, entgiftet, stärkt Säfteproduktion, treibt Schweiß, reduziert Blutfett, stärkt Magen.

Anzahl Portionen: 4
Kalorien p. Portion 146
Gramm p. Portion 306,75
Kochdauer ca. 20 min.
Allergene: E
(Kohlehydrat:56,62% / Eiweiß & Fett:43,38%)
100g.≈ Eiweiß 7,95g. Fett:4,89g.
µg. - Ph:13,21 Na:0,7 Ka:33,77 Mg:10,99 Ca:11,98 Fe:0,34 Zn:0,02 Col.:0 Hsr.:7,75

**Zutaten:**
Soja Tofu 250 g. / 250g. (wenig)
Olivenöl 2 EL / 6g. (wenig)
Koriander 1/2 TL / 4g. (ja)
Ingwer frisch 1/2 TL / 4g. (wenig)
Reis Basmatireis 1/2 Tasse / 60g. (ja)
Wasser 3 Tassen / 200g. (ja)
Zucchini 1 Stück / 700g. (empfehlenswert)

**Kochanleitung:**
Tofu würfelig schneiden und mit Olivenöl, Tamari, zerstoßenem
Koriander und Ingwer marinieren und mindestens 1 Std. ziehen lassen.
Basmatireis im Wasser kochen und evtl. mit Zwiebel und Kardamom
würzen. Zucchini und Tofu in einer Pfanne in heißem Öl ca. 5-7 Min.
rösten und auf Tellern getrennt vom Reis anrichten. Petersilie
drüberstreuen. Kann auch kalt
als Salat für zuhause oder unterwegs verwendet werden.

## 3.8 Birnensaft

Fördert Verdauung, harntreibend.
Anzahl Portionen:   2
Kalorien p. Portion  180
Gramm p. Portion   300
Kochdauer ca.      5 min.
(Kohlehydrat:93,06% / Eiweiß & Fett:6,94%)
100g.≈ Eiweiß 1,8g. Fett:1,2g.
µg. - Ph:7,5 Na:1 Ka:62,5 Mg:3,5 Ca:4,5 Fe:0,15 Zn:0,05 Col.:0 Hsr.:7,5

**Zutaten:**
Birne 3 Stück / 600g. (wenig)

**Kochanleitung:**
Bio-Birnen mit Schale (Vitamine sind vor allem unter der Schale)
vierteln, entkernen und in der Saftpresse entsaften.

## 3.9 Buddhistische Reissuppe

Leicht abführend. Hilft bei: Durchblutungsstörungen, Thrombose, Emboliegefahr, Bluthochdruck, Kopfschmerzen, Herzinfarkt und Schlaganfall.

Anzahl Portionen: 2
Kalorien p. Portion 280
Gramm p. Portion 301,5
Kochdauer ca. 2-4 Stunden
Allergene: G
(Kohlehydrat:79,85% / Eiweiß & Fett:20,15%)
100g.≈ Eiweiß 6,52g. Fett:5,84g.
µg. - Ph:21,61 Na:5,92 Ka:25,42 Mg:7,89 Ca:14,11 Fe:0,08 Zn:0,06 Col.:1,29 Hsr.:12,94

**Zutaten:**
Reis Sorte beliebig 1 Tasse / 120g. (ja)
Wasser 3 Tassen / 350g. (ja)
Butter Bio 1 EL / 10g. (ja)
Honig 1 TL / 3g. (wenig)
Kuhmilch (1,5 % Fett) 1 Tasse / 120g. (ja)

**Kochanleitung:**
Den Reis im Wasser kurz aufkochen und dann auf kleinster Stufe zugedeckt 2-4 Std. köcheln lassen. Am Ende der Kochzeit kann nach Belieben etwas Milch, Honig und Butter untergemengt werden. Dieses Grundrezept lässt sich geschmacklich (süß, salzig) beliebig erweitern. Die angegebene Menge reicht ca. für 4 Tage (im Kühlschrank aufbewahren). Variante: Mit Zimt oder Vanille lässt sich der Geschmack verfeinern.

## 3.10 Cranberrisaft

Antibakteriell, harntreibend. Gut bei Appetitlosigkeit, Arteriosklerose, Blasenentzündung, Durchfall, Fieber, Gicht, Magengeschwür, Mundschleimhautentzündung, Rheuma. Gegen freie Radikale, gegen Erkältung. Beugt Vitamin-C-Mangel vor.

Anzahl Portionen: 1
Kalorien p. Portion 43
Gramm p. Portion 160
Kochdauer ca. 5 Min.
(Kohlehydrat:98,46% / Eiweiß & Fett:1,54%)
100g.≈ Eiweiß 0,14g. Fett:0,02g.
µg. - Ph:2,06 Na:1,53 Ka:11,69 Mg:1,16 Ca:4,22 Fe:0,09 Zn:0,1 Col.:0 Hsr.:3,12

**Zutaten:**
Cranberries 2 EL / 25g. (wenig)
Wasser 1 Tasse / 125g. (ja)
Honig 1 EL / 10g. (wenig)

**Kochanleitung:**
Cranberries und etwas Wasser mit dem Pürierstab zu einem Brei mixen. Mit dem restlichen Wasser aufgießen und mit Honig süßen.

## 3.11 Dinkelgrießbrei mit Beeren der Saison

Leicht abführend, stärkt Immunsystem, aktiviert Zellstoffwechsel, entzündungshemmend, wirkt kreislaufstabilisierend.
Anzahl Portionen:  2
Kalorien p. Portion  244
Gramm p. Portion  221,6
Kochdauer ca.  15 Min.
Allergene:  AGH
(Kohlehydrat:57,17% / Eiweiß & Fett:42,83%)
100g.≈ Eiweiß 6,6g. Fett:14,34g.
µg. - Ph:46,36 Na:39,05 Ka:81,18 Mg:13,55 Ca:27,35 Fe:0,46 Zn:0,08 Col.:3,13 Hsr.:6,44

**Zutaten:**
Kuhmilch (1,5 % Fett) 1/8 Liter / 125g. (ja)
Wasser 1/8 Liter / 125g. (ja)
Dinkel Gries 5 EL / 50g. (ja)
Butter Bio 2 TL / 20g. (ja)
Beeren der Saison 100 g. / 100g. (ja)
Honig 1-2 TL / 5g. (wenig)
Mandeln 1-2 TL / 5g. (ja)
Pfefferminze 3-4 Blätter / 2g. (ja)
Zimtpulver 1 Prise / 0,5g. (ja)
Vanille 1 Prise / 0,2g. (ja)
Kakao 1 Prise / 0,5g. (wenig)
Kokosraspeln 1 EL / 10g. (wenig)

**Kochanleitung:**
Dinkelgrieß in kaltes Wasser einrühren und bei mittlerer Hitze langsam aufkochen, umrühren, vom Herd nehmen und einige Minuten quellen lassen. Je nach gewünschter Konsistenz ist eventuell noch etwas Wasser zuzufügen. Butter und geriebene Nüsse in den Brei einrühren und Himbeeren unterheben. Mit Honig oder Vollrohrzucker nach Belieben süßen und servieren. Gewürze und Aromen: Frische Minze, Zimt oder Vanille, Kakao, Kokosraspel. Sommer: Himbeeren, Heidelbeeren oder Erdbeeren verwenden.

## 3.12 Gefrorener Ananassaft

Lindert Entzündungen, harntreibend, reinigt die Haut.
Anzahl Portionen:   1
Kalorien p. Portion   29
Gramm p. Portion   50
Kochdauer ca.       1 1/2 Stunden
(Kohlehydrat:95,07% / Eiweiß & Fett:4,93%)
100g.≈ Eiweiß 0,25g. Fett:0,1g.
µg. - Ph:9 Na:2 Ka:173 Mg:17 Ca:16 Fe:0,4 Zn:0,3 Col.:0 Hsr.:7

**Zutaten:**
Ananas 50 g. / 50g. (wenig)

**Kochanleitung:**
Ananas selbst entsaften oder Bio-Ananassaft in kleinen Portionen
einfrieren und bei Bedarf lutschen.

## 3.13 Gemüse-Grieß-Suppe

Harntreibend, harmonisiert Magen und Darm, senkt Blutdruck, regt
Verdauung an, reduziert Schmerzen, senkt Cholesterinspiegel,
entgiftet. Gut bei Appetitlosigkeit, Blähungen, Darmentzündungen,
Sodbrennen, Zwölffingerdarmgeschwüren.
Anzahl Portionen:   3
Kalorien p. Portion   199
Gramm p. Portion   459,67
Kochdauer ca.       20 Min.
Allergene:          AEGL
(Kohlehydrat:78,84% / Eiweiß & Fett:21,16%)
100g.≈ Eiweiß 6,38g. Fett:7,03g.
µg. - Ph:12,79 Na:13,89 Ka:69,81 Mg:18,98 Ca:66,25 Fe:0,28 Zn:0,04 Col.:0,39 Hsr.:8,64

**Zutaten:**
Grundrezept für eine Gemüsebrühe nahrhaft 1/2 Liter / 500g.
(empfehlenswert)
Kartoffel 1 Stück / 80g. (empfehlenswert)
Pastinake 1 Stück / 180g. (ja)
Karotte (Mohrrübe, Möhre) 1 Stück / 120g. (empfehlenswert)
Sellerie Knolle 150 g. / 150g. (empfehlenswert)
Kohlrabi 1/2 Stück / 200g. (ja)
Bohnen (grün, frisch) 10 dag. / 100g. (wenig)
Weizen Gries 2 EL / 24g. (ja)
Liebstöckel 1/2 TL / 2g. (empfehlenswert)
Butter Bio 1 EL / 20g. (ja)
Sojasauce 1 TL / 3g. (wenig)

**Kochanleitung:**
Vorbereitete Gemüsebrühe erhitzen und buntes Gemüse darin weich kochen. Etwas Weizengrieß einstreuen und quellen lassen. Am Schluss reichlich Liebstöckelgrün und etwas Butter unterrühren und mit Sojasoße abschmecken.

## 3.14 Gemüsesaft

Fördert Verdauung, hilft Fett zu verdauen, harntreibend, senkt Blutdruck, bakterizid, stärkt Magen und Immunsystem, beugt Krebs vor, reduziert Strahlenverletzungen, vertreibt innere Kälte, wirkt anregend.

Anzahl Portionen: 1
Kalorien p. Portion  64
Gramm p. Portion  225
Kochdauer ca.  15 Min.
Allergene:  L
(Kohlehydrat:82,23% / Eiweiß & Fett:17,77%)
100g.≈ Eiweiß 2,47g. Fett:0,44g.
µg. - Ph:33,92 Na:30,92 Ka:205,63 Mg:13,57 Ca:34,59 Fe:1,18 Zn:0,33 Col.:0 Hsr.:19,76

**Zutaten:**
Sellerie Knolle 20 g. / 20g. (empfehlenswert)
Karotte (Mohrrübe, Möhre) 100 g. / 100g. (empfehlenswert)
Tomate 100 g. / 100g. (wenig)
Knoblauch 1 Stück / 2g. (weniger als angegeben)
Salz 1 TL / 2g. (wenig)
Acerola Fruchtnektar oder Pulver 1/2 TL / 1g. (wenig)

**Kochanleitung:**
Alle Zutaten schälen, mit dem Entsafter zu einem Getränk verarbeiten und Acerola unterrühren.

## 3.15 Gerstenschrotsuppe

Harntreibend, stärkt Magen, befeuchtet Darm, regt Leberfunktion an, antioxidativ, fördert Verdauung, entgiftet, reduziert Blutfett, regt an, löst Stagnation.

Anzahl Portionen: 2
Kalorien p. Portion  265
Gramm p. Portion  201
Kochdauer ca.  25 Min.
Allergene:  A
(Kohlehydrat:75,62% / Eiweiß & Fett:24,38%)
100g.≈ Eiweiß 8,17g. Fett:6,42g.
µg. - Ph:56,06 Na:4,73 Ka:103,77 Mg:19,04 Ca:16,65 Fe:0,63 Zn:0,22 Col.:0,01 Hsr.:17,61

**Zutaten:**
Gerste 1 Tasse / 120g. (ja)
Salz 1 Prise / 1g. (wenig)
Ingwer frisch 1/2 TL / 1g. (wenig)
Olivenöl 1 EL / 10g. (wenig)
Petersilie 3 EL / 30g. (empfehlenswert)
Wasser 2 Tassen / 240g. (ja)

**Kochanleitung:**
Gerste in der Pfanne trocken rösten, anschließend zu Schrot mahlen und mit Wasser, etwas Salz und Ingwer zu einem Brei kochen. Vor dem Servieren Öl und Petersilie unterheben. Variante: Man kann dem Gericht einen noch besseren Geschmack verleihen, indem man es mit vorbereiteter Gemüse- oder Fleischbrühe kocht.

# 3.16 Getreidekaffee mit Kardamom

Harntreibend, stärkt Magen, befeuchtet Darm, befeuchtet die Haut, entspannt, vermindert Fettgewebe.

Anzahl Portionen:   1
Kalorien p. Portion  4
Gramm p. Portion   136
Kochdauer ca.      5 Min.
(Kohlehydrat:98,58% / Eiweiß & Fett:1,42%)
100g.≈ Eiweiß 0,12g. Fett:0,08g.
µg. - Ph:1,29 Na:1,02 Ka:7,9 Mg:2,49 Ca:5,37 Fe:0,08 Zn:0,09 Col.:0 Hsr.:0

**Zutaten:**
Getreidekaffee 1 EL / 15g. (ja)
Kardamom 2 Kerne / 1g. (ja)
Wasser 1 Tasse / 120g. (ja)

**Kochanleitung:**
Wasser, Kaffee, Zucker und Kardamom aufkochen und setzen lassen.

## 3.17 Grießbrei mit Banane

Reguliert Magen-Darm-Funktion, befeuchtet Darm, entzündungshemmend, antiallergisch, kreislaufstabilisierend, kühlt innere Hitze, gut bei Durchblutungsstörungen.

Anzahl Portionen: 1
Kalorien p. Portion 307
Gramm p. Portion 284
Kochdauer ca. 15 Min.
Allergene: AG
(Kohlehydrat:66,17% / Eiweiß & Fett:33,83%)
100g.≈ Eiweiß 10,58g. Fett:10,73g.
µg. - Ph:116,7 Na:93,56 Ka:218,89 Mg:28,56 Ca:92,08 Fe:0,64 Zn:0,36 Col.:7,61 Hsr.:12,85

**Zutaten:**
Kuhmilch (Vollmilch 3,5 % Fett) 200 ml / 200g. (wenig)
Dinkel Gries 3 EL / 30g. (ja)
Butter Bio 1 TL / 4g. (ja)
Banane 1/2 Stück / 50g. (empfehlenswert)

**Kochanleitung:**
Die Hälfte der Milch in einem kleinen Topf erhitzen, Grieß zufügen und aufkochen. Bei schwacher Hitze unter ständigem Rühren 3 Min. ausquellen lassen. Den Topf vom Herd nehmen, nach und nach die übrige Milch mit dem Schneebesen unterschlagen und den Brei in ein Schälchen geben. Die Butter und die zermuste Banane zufügen. Für Erwachsene kann eine Prise Zimt darübergestreut werden.

## 3.18 Grundrezept für eine Hühnerbrühe (wärmend)

Stärkt Blut, baut Milz und Magen auf, stärkt Knochenmark, senkt Blutdruck, bakterizid, stärkt Immunsystem, beugt Krebs vor, reduziert Strahlenverletzungen, fördert Schwitzen, löst Stagnation. Gut bei Appetitlosigkeit und Blähungen.

Anzahl Portionen: 9
Kalorien p. Portion 90
Gramm p. Portion 244,89
Kochdauer ca. 2-3 Stunden
Allergene: L
(Kohlehydrat:10,44% / Eiweiß & Fett:89,56%)
100g.≈ Eiweiß 15,69g. Fett:11,57g.
µg. - Ph:7,72 Na:5,27 Ka:16,86 Mg:1,2 Ca:3,41 Fe:0,1 Zn:0 Col.:0,25 Hsr.:8,27

**Zutaten:**
Huhn Fleisch 1/2 Stück / 600g. (wenig)
Karotte (Mohrrübe, Möhre) 2 Stück / 150g. (empfehlenswert)
Lauch (Porree) 1 Stange / 45g. (weniger als angegeben)
Sellerie Knolle 1 Stück / 500g. (empfehlenswert)
Ingwer frisch 2 Scheiben / 2g. (wenig)
Bockshornklee 1 TL / 2g. (ja)
Wacholderbeere 1 TL / 3g. (ja)
Lorbeerblatt 3 Stück / 2g. (ja)
Wasser 1 Liter / 900g. (ja)

**Kochanleitung:**
Hühnerteile von Fett befreien, in einen Topf mit heißem Wasser geben,
kurz aufkochen lassen und entstehenden Schaum abschöpfen. Grob
geschnittenes Gemüse und alle Gewürze zugeben und 2-3 Std. bei
mittlerer Hitze kochen, dann alles abseihen. Tipp: Wenn Sie das Fleisch
als Suppeneinlage verwenden möchten, bereits nach 45 Min.
herausnehmen und nur die Knochen in der Suppe lassen.


# 3.19 Grundrezept für eine nahrhafte Gemüsebrühe

Senkt Blutdruck und Blutfett, bakterizid, stärkt Immunsystem, beugt
Krebs vor, stärkt Magen, löst Stagnation, fördert Gewichtsabnahme,
hilft bei Appetitlosigkeit, Blähungen, Bluthochdruck, Depressionen,
Diabetes, Durchfall.
Anzahl Portionen:   5
Kalorien p. Portion  48
Gramm p. Portion   240,6
Kochdauer ca.      2-3 Stunden
Allergene:         L
(Kohlehydrat:71,3% / Eiweiß & Fett:28,7%)
100g.≈ Eiweiß 1,57g. Fett:1,31g.
µg. - Ph:4,86 Na:3,67 Ka:25,68 Mg:1,8 Ca:6,32 Fe:0,1 Zn:0,01 Col.:0 Hsr.:2,78


**Zutaten:**
Olivenöl 1 EL / 4g. (wenig)
Zwiebel weiss 1 Stück / 60g. (weniger als angegeben)
Karotte (Mohrrübe, Möhre) 3 Stück / 200g. (empfehlenswert)
Pastinake 150 g. / 150g. (ja)
Sellerie Knolle 1 Tasse / 100g. (empfehlenswert)
Ingwer frisch 1/2 TL / 2g. (wenig)
Zitrone 1/2 Stück / 25g. (weniger als angegeben)

Wacholderbeere 6 Stück / 6g. (ja)
Thymian getrocknet 1 Prise / 1g. (ja)
Liebstöckel 1 EL / 3g. (empfehlenswert)
Lorbeerblatt 2 Blätter / 1g. (ja)
Salz 1 Prise / 1g. (wenig)
Wasser 3/4 Liter / 650g. (ja)


**Kochanleitung:**
Gemüse würfelig schneiden. Öl in einem Topf erhitzen, die Zwiebel und
das Gemüse darin anbraten, Ingwer und Lorbeer zugeben. Mit kaltem
Wasser aufgießen, Zitronensaft zufügen und mit Wacholder, Thymian
und Liebstöckel würzen. 2-3 Std. auf kleiner Stufe zugedeckt köcheln
lassen. Brühe durch ein Sieb streichen und im Kühlschrank
aufbewahren. Sie dient als Suppengrundlage und verfeinert Gemüse,
Hülsenfrüchte oder Getreide.


## 3.20 Grundrezept für eine Reissuppe (Congee)

Niedriger Fettgehalt, zur Entwässerung des Körpers bei Übergewicht
und Bluthochdruck.
Anzahl Portionen:   3
Kalorien p. Portion   140
Gramm p. Portion   273,33
Kochdauer ca.      2-4 Stunden
(Kohlehydrat:89,71% / Eiweiß & Fett:10,29%)
100g.≈ Eiweiß 2,96g. Fett:0,48g.
µg. - Ph:5,85 Na:0,58 Ka:5,02 Mg:3,41 Ca:1,72 Fe:0,03 Zn:0,02 Col.:0 Hsr.:6,34


**Zutaten:**
Reis Sorte beliebig 1 Tasse / 120g. (ja)
Wasser 6 Tassen / 700g. (ja)


**Kochanleitung:**
Man kocht Reis und Wasser in einem Verhältnis von etwa 1:6. Die
Menge des Wassers bestimmt die Dicke des Breis (reine
 Geschmackssache). Der Reis quillt unwahrscheinlich auf, nehmen Sie
also nicht viel. Geben Sie den Reis in einen Topf mit
 einem schweren Deckel. Wichtig ist, den Reis nach kurzem Aufkochen
nur auf kleinster Stufe köcheln zu lassen, da er sonst anbrennt. Kochen
Sie den Reis 2-4 Stunden. Je länger er kocht, desto stärkender wirkt er.

Wenn Sie das Gericht zum Frühstück essen möchten, können Sie den Reis auch kurz vor dem Zubettgehen aufsetzen. Sicherheitshalber sollten Sie vorher einmal unter Beobachtung für eine ähnlich lange Zeit das Verhalten Ihres Topfes und Herdes prüfen, damit nichts anbrennt.

## 3.21 Gurkensuppe

Kühlt und befeuchtet, harntreibend, entgiftend, unterdrückt Umwandlung von Zucker in Fett, senkt Cholesterinspiegel, beugt Krebs vor, fördert Verdauung, schweißtreibend, reduziert Wind, gegen Hefepilzinfektionen.

Anzahl Portionen:   4
Kalorien p. Portion   96
Gramm p. Portion   235,38
Kochdauer ca.   20 min.
Allergene:   M
(Kohlehydrat:22,18% / Eiweiß & Fett:77,82%)
100g.≈ Eiweiß 0,92g. Fett:9,03g.
µg. - Ph:2,67 Na:1,28 Ka:15,59 Mg:1,17 Ca:2,57 Fe:0,06 Zn:0,01 Col.:0 Hsr.:0,85

**Zutaten:**
Olivenöl 2 EL / 35g. (wenig)
Gurke 2 Stück / 400g. (wenig)
Wasser 1/2 Liter / 500g. (ja)
Salbei 3 Blätter / 3g. (ja)
Senf 1/2 TL / 0,5g. (wenig)
Koriander 1 Prise / 1g. (ja)
Kardamom 1 Prise / 1g. (ja)
Salz 1 Prise / 1g. (wenig)

**Kochanleitung:**
Öl erhitzen und die klein geschnittenen Gurken kurz darin anbraten. Senfkörner, Koriander, Kardamom und Salz dazugeben
 und kurz mitbraten. Mit dem Wasser übergießen und 10-15 Min. köcheln lassen. Pürieren und mit frisch gehacktem Salbei garnieren.

## 3.22 Heidelbeermus

Heidelbeeren wirken abführend, Nelken lösen Stagnation, Zimtpulver erwärmt Magen und Milz. Baut Blut auf, fördert Durchblutung und Leitbahnfluss.

Anzahl Portionen: 1
Kalorien p. Portion 11
Gramm p. Portion 271,1
Kochdauer ca. 10 Min.
(Kohlehydrat:78,35% / Eiweiß & Fett:21,65%)
100g.≈ Eiweiß 0,2g. Fett:0,32g.
µg. - Ph:0,98 Na:1,01 Ka:5,56 Mg:1,09 Ca:6 Fe:0,06 Zn:0,1 Col.:0 Hsr.:1,48

**Zutaten:**
Heidelbeere 20 g. / 20g. (ja)
Zimtpulver 1 Prise / 0,1g. (ja)
Nelke 1 Stück / 1g. (ja)
Wasser 1/4 Liter / 250g. (ja)

**Kochanleitung:**
Heidelbeeren mit Zimt und Nelke im Wasser 10 Min. kochen. Zimt und Nelke entfernen, pürieren und nach Wunsch süßen.

## 3.23 Heißes Wasser mit Traubensaft

Beruhigt Magen, stärkt Sehnen und Knochen, harntreibend, fördert Verdauung.

Anzahl Portionen: 1
Kalorien p. Portion 87
Gramm p. Portion 180
Kochdauer ca. 5 min.
(Kohlehydrat:94% / Eiweiß & Fett:6%)
100g.≈ Eiweiß 0,84g. Fett:0,36g.
µg. - Ph:14 Na:1,67 Ka:108,67 Mg:6,33 Ca:13,67 Fe:0,33 Zn:0,1 Col.:0 Hsr.:14

**Zutaten:**
Traubensaft rot 1 Tasse / 120g. (wenig)
Wasser 1/2 Tasse / 60g. (ja)

**Kochanleitung:**
Wasser aufkochen und zum Traubensaft geben.

## 3.24 Hühnersuppe mit Eigelb und Petersilie

Stärkt Blut, Knochenmark, Immunsystem und Sehkraft, baut Milz und Magen auf, senkt Blutdruck, bakterizid, harmonisiert Leber und Milz, entgiftet. Petersilie regt Leberfunktion an.

Anzahl Portionen:  2
Kalorien p. Portion  118
Gramm p. Portion  260
Kochdauer ca.  10 Min.
Allergene:  CL
(Kohlehydrat:82,37% / Eiweiß & Fett:17,63%)
100g.≈ Eiweiß 16,35g. Fett:2,49g.
µg. - Ph:13,95 Na:17,66 Ka:18 Mg:49,59 Ca:138,8 Fe:0,55 Zn:0,05 Col.:6,53 Hsr.:4,43

**Zutaten:**

Grundrezept für eine Hühnerbrühe wärmend 1/2 Liter / 500g. (empfehlenswert)
Huhn Eigelb 1 Stück / 10g. (wenig)
Petersilie 1 EL / 10g. (empfehlenswert)

**Kochanleitung:**

Brühe erhitzen und das Eigelb darin verquirlen. Die gehackte Petersilie drüberstreuen und ca. 2 Min. ziehen lassen und dann in kleinen Schlucken trinken.


## 3.25 Hüttenkäse mit gedünstetem Obst

Gut bei Appetitlosigkeit, Schluckstörungen, schwacher Verdauung, harntreibend.

Anzahl Portionen:  2
Kalorien p. Portion  215
Gramm p. Portion  250
Kochdauer ca.  20 Min.
Allergene:  G
(Kohlehydrat:40,48% / Eiweiß & Fett:59,52%)
100g.≈ Eiweiß 18,45g. Fett:6,4g.
µg. - Ph:44,6 Na:114,5 Ka:50,9 Mg:3,7 Ca:25,6 Fe:0,11 Zn:0,09 Col.:0,64 Hsr.:3


**Zutaten:**

Hüttenkäse 300 g. / 300g. (empfehlenswert)
Apfel (sauer) 1 Stück / 100g. (wenig)
Birne 1 Stück / 100g. (wenig)

**Kochanleitung:**
Äpfel und Birnen gut waschen, mit Schale klein schneiden und in einem Topf mit Dämpfsieb bissfest garen. Herausnehmen und auskühlen lassen. Hüttenkäse anrichten und Obst darauf verteilen.

## 3.26 Karotten mit Kartoffelschnee

Stärkt Blut, Nerven, Milz und Leber, senkt Blutdruck, bakterizid, stärkt Immunsystem, verbessert Verdauung, regeneriert Haut, harntreibend, senkt Cholesterinspiegel, fördert Stuhl und Urin.

Anzahl Portionen:  1
Kalorien p. Portion 316
Gramm p. Portion  322,2
Kochdauer ca.    30 Min.
Allergene:       G
(Kohlehydrat:20,62% / Eiweiß & Fett:79,38%)
100g.≈ Eiweiß 11,66g. Fett:15,45g.
µg. - Ph:48,45 Na:21,59 Ka:208,07 Mg:18,24 Ca:23,84 Fe:1,22 Zn:0,5 Col.:15,52
Hsr.:26,23

**Zutaten:**
Karotte (Frühkarotte) 150 g. / 150g. (empfehlenswert)
Schwein Fleisch 40 g. / 40g. (wenig)
Kartoffel (mehlige) 100 g. / 100g. (empfehlenswert)
Butter Bio 1 EL / 10g. (ja)
Honig 1/2 TL / 2g. (wenig)
Anis (gemeiner Fenchel) 1 Prise / 0,2g. (empfehlenswert)
Wasser 2 EL / 20g. (ja)

**Kochanleitung:**
Die Karotten putzen, gründlich waschen, dünn schälen und in dünne Scheiben schneiden. Das Fleisch in Streifen schneiden. Die Kartoffeln waschen, in einem kleinen Topf mit wenig Wasser in etwa 15 Min. garen. Die Hälfte der Butter in einem Topf zerlassen, die Karotten und das Fleisch darin andünsten. Wenn nötig, noch 2-3 EL Wasser hinzufügen, den Deckel auflegen und alles bei schwacher Hitze in etwa 15 Min. garen. Den Honig, den Anis und die restliche Butter dazugeben und den Topf von der Kochstelle nehmen. Die Kartoffeln pellen und mit der Kartoffelpresse direkt auf den Teller
drücken. Die Honigkarotten darüber verteilen.

## 3.27 Karotten- Reisschleimsuppe

Gegen Durchfall, bei Fieber, bakterizid, stärkt Immunsystem, senkt Blutdruck.

Anzahl Portionen: 1
Kalorien p. Portion 101
Gramm p. Portion 224
Kochdauer ca. 10 Min.
(Kohlehydrat:96% / Eiweiß & Fett:4%)
100g.≈ Eiweiß 2,37g. Fett:0,4g.
µg. - Ph:27,48 Na:20,34 Ka:65,63 Mg:170,89 Ca:178,57 Fe:1,03 Zn:0,34 Col.:0 Hsr.:12,3

**Zutaten:**
Grundrezept für eine Reissuppe (Congee) 1 Tasse / 120g. (empfehlenswert)
Karotte (Mohrrübe, Möhre) 2 Stück / 100g. (empfehlenswert)
Salz 1 TL / 4g. (wenig)

**Kochanleitung:**
Karotten schälen und reiben. Die Reissuppe aufkochen und die geriebenen Karotten sowie Salz zufügen. 10 Min. kochen.

## 3.28 Kartoffelpuffer

Stärkt Milz, lindert Entzündungen, verbessert Verdauung, regeneriert Haut, harntreibend, beruhigt Nerven und Magen, befeuchtet, führt ab, antiparasitär.

Anzahl Portionen: 1
Kalorien p. Portion 893
Gramm p. Portion 377
Kochdauer ca. 15 Min.
Allergene: ACG
(Kohlehydrat:17,3% / Eiweiß & Fett:82,7%)
100g.≈ Eiweiß 12,4g. Fett:32,76g.
µg. - Ph:69,92 Na:22,7 Ka:275,07 Mg:17,98 Ca:27,85 Fe:0,58 Zn:0,44 Col.:45,38 Hsr.:15,19

**Zutaten:**
Kartoffel (mehlige) 250 g. / 250g. (empfehlenswert)
Weizen Mehl 10 g. / 10g. (ja)
Huhn Ei 1 Stück / 35g. (wenig)
Rapsöl 2 EL / 20g. (wenig)
Salz 1 Prise / 1g. (wenig)
Sahne sauer 20% 50 g. / 50g. (wenig)
Salz 1 Prise / 1g. (wenig)
Kräuter verschiedene 1 EL / 10g. (ja)

**Kochanleitung:**
Die geschälten Kartoffeln fein reiben, die übrigen Zutaten dazugeben, gut mischen und mit Salz würzen. Öl erhitzen und mit dem Löffel kleine flache Kuchen in die Pfanne geben. Kartoffelpuffer auf beiden Seiten knusprig goldbraun backen. Auf Teller verteilen und mit saurer Sahne anrichten, salzen und mit Kräutern bestreuen.

## 3.29 Kompott aus Äpfeln

Apfel (süß) stoppt Durchfall, fördert Verdauung, regt Appetit an, harmonisiert Magen, erwärmt Magen und Milz, fördert Durchblutung.
Anzahl Portionen: 2
Kalorien p. Portion 67
Gramm p. Portion 220,5
Kochdauer ca. 10 Min.
Allergene:
(Kohlehydrat:95,64% / Eiweiß & Fett:4,36%)
100g.≈ Eiweiß 0,24g. Fett:0,46g.
µg. - Ph:2,81 Na:1,03 Ka:36,45 Mg:1,81 Ca:4,33 Fe:0,13 Zn:0,03 Col.:0 Hsr.:3,74

**Zutaten:**
Apfel (süß) 1 Stück / 220g. (wenig)
Wasser 2 Tassen / 220g. (ja)
Zimtpulver 1 Prise / 1g. (ja)

**Kochanleitung:**
Bio-Apfel mit Schalen und Kernen klein geschnitten im Wasser weich kochen und mit Zimt bestreuen.

## 3.30 Kürbissuppe

Fördert Verdauung, stärkt Magen und Milz, senkt Blutdruck, bakterizid, stärkt Immunsystem, beugt Krebs vor, reduziert Strahlenverletzungen, regeneriert Haut, senkt Cholesterinspiegel, senkt Blutzucker, schützt Leber.
Anzahl Portionen: 3
Kalorien p. Portion 104
Gramm p. Portion 236,33
Kochdauer ca. 1 Stunde
(Kohlehydrat:71% / Eiweiß & Fett:29%)
100g.≈ Eiweiß 2,54g. Fett:3,64g.
µg. - Ph:4,02 Na:0,96 Ka:24,72 Mg:1,82 Ca:2,89 Fe:0,08 Zn:0,02 Col.:0 Hsr.:1,08

**Zutaten:**
Kürbis 300 g. / 300g. (empfehlenswert)
Karotte (Mohrrübe, Möhre) 2 Stück / 100g. (empfehlenswert)
Kartoffel 2 Stück / 120g. (empfehlenswert)

Olivenöl 1 EL / 10g. (wenig)
Zwiebel weiss 1 Stück / 50g. (weniger als angegeben)
Wasser 1 Tasse / 120g. (ja)
Petersilie 1 EL / 7g. (empfehlenswert)
Anis (gemeiner Fenchel) 1 Prise / 1g. (empfehlenswert)
Salz 1 Prise / 1g. (wenig)

**Kochanleitung:**
Olivenöl in einer Pfanne erhitzen. In Würfel geschnittenen Kürbis,
gewürfelte Karotten und Kartoffeln dazugeben und kurz anbraten. Klein
geschnittene Zwiebel zugeben, mit Wasser auffüllen (Gemüse
mindestens drei fingerbreit bedecken), aufkochen und leise köcheln
lassen. Mit Meersalz und einer Prise Anis würzen, klein geschnittene
Petersilie dazugeben. Alles zusammen ca. 35 Min. köcheln lassen.
Anschließend die Suppe pürieren und evtl. Wasser zugeben, je nach
Konsistenz.

## 3.31 Kuzusuppe in der Früh

Liefert viele Vitamine und Mineralstoffe. Gegen chronischen Husten,
Asthma, Durchfall und Durst bei Diabetes mellitus.
Anzahl Portionen:    1
Kalorien p. Portion  2
Gramm p. Portion    254
Kochdauer ca.       5 min.
Allergene:          E
(Kohlehydrat:32,97% / Eiweiß & Fett:67,03%)
100g.≈ Eiweiß 0,36g. Fett:0g.
µg. - Ph:1,65 Na:46,02 Ka:2,83 Mg:1,32 Ca:5,07 Fe:0,03 Zn:0,1 Col.:0 Hsr.:0

**Zutaten:**
Kuzu 1 TL / 3g. (ja)
Wasser 1/4 Liter / 250g. (ja)
Sojasauce 1 Schuss / 2g. (wenig)
Umeboshipaste 1 Messerspitze / 2g. (wenig)

**Kochanleitung:**
Kuzu mit kaltem Wasser anrühren und unter Rühren zum Kochen
bringen. Sobald es glasig wird, vom Herd nehmen und abkühlen lassen.
Mit Tamari und Umeboshipaste oder zerkleinerten Umeboshi-Pflaumen
abschmecken. Vor dem richtigen Frühstück eingenommen, bietet
dieses Rezept immer die Möglichkeit, Ihren Magen und Darm zu
unterstützen. Eine morgendliche Kur für Magen und Schleimhäute.
Bringt den Basenhaushalt in Ordnung.

## 3.32 Kuzuwasser

Enthält viele Vitamine und Mineralstoffe. Zur Stärkung der Darmflora, besonders nach Antibiotikaeinnahme. Beruhigt die Magenschleimhaut und schützt den Magen.

Anzahl Portionen: 1
Kalorien p. Portion 7
Gramm p. Portion 122
Kochdauer ca. 5 Min.
Allergene:
(Kohlehydrat:99,17% / Eiweiß & Fett:0,83%)
100g.≈ Eiweiß 0g. Fett:0,01g.
µg. - Ph:0 Na:0,98 Ka:0 Mg:0,98 Ca:4,92 Fe:0,01 Zn:0,1 Col.:0 Hsr.:0

**Zutaten:**
Kuzu 1/2 TL / 2g. (ja)
Wasser 1 Tasse / 120g. (ja)

**Kochanleitung:**
Kuzu zerstoßen, mit lauwarmem Wasser aufgießen und kurz ziehen lassen, bis eine milchige Flüssigkeit entsteht. Dann abseihen.

## 3.33 Magentee

Fördert Verdauung.

Anzahl Portionen: 2
Kalorien p. Portion 3
Gramm p. Portion 127,5
Kochdauer ca. 15 Min.
(Kohlehydrat:54% / Eiweiß & Fett:46%)
100g.≈ Eiweiß 0,17g. Fett:0,14g.
µg. - Ph:0,89 Na:0,41 Ka:3,25 Mg:0,97 Ca:3,47 Fe:0 Zn:0,02 Col.:0 Hsr.:0

**Zutaten:**
Fenchelsamen gemahlen 1 TL / 2g. (empfehlenswert)
Süßholzwurzeltee 2 Stück / 3g. (ja)
Wasser 250 ml. / 250g. (ja)

**Kochanleitung:**
Fenchelsamen leicht zerstoßen und mit dem Süßholz in eine Teekanne geben. Wasser ca. 2 Min. kochen lassen und dann in die Teekanne gießen. 10 Min. ziehen lassen und abseihen. (Für Babys handwarm abkühlen lassen und in ein Fläschchen füllen).

## 3.34 Mango-Bananen-Joghurt-Drink eiskalt

Harntreibend, stärkt Magen, beugt Krebs vor, reguliert Magen-Darm-Funktion. Gut bei Appetitlosigkeit, Mundschleimhautentzündung, chronischer Verstopfung.

Anzahl Portionen:  2
Kalorien p. Portion  121
Gramm p. Portion  226
Kochdauer ca.  5 Min.
Allergene:  G
(Kohlehydrat:86,93% / Eiweiß & Fett:13,07%)
100g.≈ Eiweiß 2,73g. Fett:1,05g.
µg. - Ph:15,94 Na:7,47 Ka:102,09 Mg:10,74 Ca:22,08 Fe:0,14 Zn:0,04 Col.:0,28 Hsr.:5,73

**Zutaten:**
Mangosaft 100 ml. / 100g. (wenig)
Joghurt (natur, 1,5 % Fett) 100 g. / 100g. (ja)
Mineralwasser 100 ml. / 100g. (wenig)
Banane 1/2 Stück / 150g. (empfehlenswert)
Acerola Fruchtnektar oder Pulver 1 TL / 2g. (wenig)

**Kochanleitung:**
Alle Zutaten und 2-3 Eiswürfel im Mixer fein pürieren.

## 3.35 Ofenkartoffeln mit Sellerie-Quark

Stärkt Milz, lindert Entzündungen, verbessert Verdauung, regeneriert die Haut, harntreibend, senkt Cholesterinspiegel.

Anzahl Portionen:  2
Kalorien p. Portion  304
Gramm p. Portion  398
Kochdauer ca.  30 Min.
Allergene:  GL
(Kohlehydrat:52% / Eiweiß & Fett:48%)
100g.≈ Eiweiß 15,61g. Fett:24,04g.
µg. - Ph:19,06 Na:6,87 Ka:59,91 Mg:7,16 Ca:24,85 Fe:0,1 Zn:0,08 Col.:1,01 Hsr.:3,76

**Zutaten:**
Sellerie Knolle 80 g. / 80g. (empfehlenswert)
Grundrezept für eine Gemüsebrühe nahrhaft 100 ml. / 100g. (empfehlenswert)
Kümmel gemahlen 1 Prise / 0,2g. (empfehlenswert)
Zitrone Schale 1/2 TL / 1g. (ja)
Salz 1 Prise / 1g. (wenig)
Pfeffer gemahlen 1 Prise / 0,2g. ()

Zitrone Saft 1 TL / 3g. (wenig)
Topfen (Quark) 20% 200 g. / 200g. (ja)
Creme fraîche 1/2 EL / 5g. (wenig)
Kartoffel 6 Stück / 400g. (empfehlenswert)
Olivenöl 2 TL / 5g. (wenig)
Salz 1 Prise / 1g. (wenig)

## Kochanleitung:
Sellerie-Quark: Sellerie in Gemüsebrühe (nach Grundrezept) mit
Kümmel und Zitronenschale zum Kochen bringen und zugedeckt ca. 8
Min. köcheln lassen, bis er weich und die Gemüsebrühe fast verdampft
ist. Dann alles mit Zitronensaft mit dem Mixstab fein pürieren, mit dem
Quark glatt rühren und mit Salz und Pfeffer abschmecken.
Ofenkartoffel: Den Ofen auf 200 Grad vorheizen. Kartoffeln gut
abbürsten, längs halbieren und mit der Schnittfläche nach oben
nebeneinander auf ein Backblech setzen. Schnittflächen leicht salzen,
mit Öl beträufeln und im Ofen ca. 25 Min. backen. Sellerie-Quark zu
den Kartoffeln reichen.

## 3.36 Olivenöl mit Zitronensaft

Bei akuter Verstopfung.
Anzahl Portionen:   1
Kalorien p. Portion  93
Gramm p. Portion   14
Kochdauer ca.      1 min.
Allergene:
(Kohlehydrat:8% / Eiweiß & Fett:92%)
100g.≈ Eiweiß 0,02g. Fett:9,97g.
µg. - Ph:4,71 Na:1,29 Ka:31,71 Mg:6,86 Ca:3,57 Fe:0,14 Zn:0,07 Col.:0,71 Hsr.:5,71

## Zutaten:
Olivenöl 1 EL / 10g. (wenig)
Zitrone Saft 1 TL / 4g. (wenig)

## Kochanleitung:
Bei akuter Verstopfung morgens auf nüchternen Magen 1 EL Olivenöl
mit Zitronensaft einnehmen.

## 3.37 Preiselbeer-Joghurt-Mix

Gut bei akuter oder chronischer Verstopfung, Mundschleimhautentzündung, Durchfall, Blähungen, Reizdarm.

Anzahl Portionen:  2
Kalorien p. Portion  57
Gramm p. Portion  197,5
Kochdauer ca.  5 Min.
Allergene:  GO
(Kohlehydrat:75,06% / Eiweiß & Fett:24,94%)
100g.≈ Eiweiß 2,13g. Fett:1,02g.
μg. - Ph:14,34 Na:11,73 Ka:26,32 Mg:5,43 Ca:33,22 Fe:0,03 Zn:0,03 Col.:0,4 Hsr.:0,41

**Zutaten:**
Joghurt (natur, 1,5 % Fett) 125 g. / 125g. (ja)
Preiselbeermarmelade 2 EL / 20g. (ja)
Mineralwasser 250 ml. / 250g. (wenig)

**Kochanleitung:**
Joghurt, Preiselbeer-Marmelade und Mineralwasser mit dem Standmixer schaumig rühren.

## 3.38 Quarkknödel auf Erdbeermus

Erdbeeren stärken Milz, Magen und Blut. Eier beruhigen Nerven und Magen.

Anzahl Portionen:  5
Kalorien p. Portion  553
Gramm p. Portion  296,2
Kochdauer ca.  30 Min.
Allergene:  ACG
(Kohlehydrat:40,09% / Eiweiß & Fett:59,91%)
100g.≈ Eiweiß 18,89g. Fett:46,85g.
μg. - Ph:26,63 Na:18,36 Ka:29,44 Mg:4,74 Ca:12,16 Fe:0,21 Zn:0,02 Col.:2,41 Hsr.:3,59

**Zutaten:**
Topfen (Quark) 20% 500 g. / 500g. (ja)
Dinkel Gries 150 g. / 150g. (ja)
Butter Bio 40 g. / 40g. (ja)
Huhn Ei 2 Stück / 120g. (wenig)
Zucker (Staubzucker) 2 EL / 20g. (wenig)
Salz 1 Prise / 1g. (wenig)
Brösel (Weizenbrot, Semmel) 3 EL / 25g. (ja)
Butter Bio 100 g. / 100g. (ja)
Erdbeere 500 g. / 500g. (ja)
Zucker (Staubzucker) 3 EL / 25g. (wenig)

**Kochanleitung:**
Quark, Grieß, Butter, Eier, Puderzucker und Salz zu einem glatten Teig
verrühren. Den Teig ca. 15 Min. im Kühlschrank ruhen lassen. Danach
kleine Knödel (ca. 4 cm) formen und in leicht kochendem Salzwasser
ca. 10 Min. ziehen lassen. In einer Pfanne Butter erwärmen und die
Brösel darin goldbraun anrösten. Die Knödel vorsichtig in den Bröseln
wälzen. Aus Erdbeeren und Puderzucker mit dem Mixstab ein Mus
pürieren und zu den Knödeln reichen.

## 3.39 Reis mit Pastinake

Vitaminreich, Mineralstoffe Kalium und Zink. Bei
Durchblutungsstörungen, Thrombose, Emboliegefahr, Bluthochdruck,
Kopfschmerzen, Herzinfarkt, Schlaganfall, Hefepilzinfektionen.
Anzahl Portionen: ............................................................................ 3
Kalorien p. Portion ...................................................................... 206
Gramm p. Portion ..................................................................... 261,33
Kochdauer ca.     45 Min.
Allergene:
(Kohlehydrat:78,37% / Eiweiß & Fett:21,63%)
100g.≈ Eiweiß 5,17g. Fett:4,53g.
µg. - Ph:20,16 Na:2,09 Ka:94,99 Mg:7,61 Ca:10,6 Fe:0,15 Zn:0,07 Col.:0 Hsr.:12,18

**Zutaten:**
Reis Sorte beliebig 1 Tasse / 120g. (ja)
Wasser 2 Tassen / 200g. (ja)
Salz 1 Prise / 1g. (wenig)
Pastinake 3-4 Stück / 450g. (ja)
Olivenöl 1 EL / 10g. (wenig)
Salbei 1 TL / 3g. (ja)

**Kochanleitung:**
Pastinake schälen und in Scheiben schneiden. Kurz in Öl anbraten.
Reis hinzugeben und kurz mitbraten. Mit Wasser übergießen und
mindestens 30 Min. lang kochen lassen. Mit etwas frischem gehacktem
Salbei bestreuen.

## 3.40 Reis-Dulse-Suppe

Stärkt Milz und Leber, senkt Blutdruck, bakterizid, stärkt Immunsystem.
Gut bei Durchblutungsstörungen, Durchfall
und Fieber. Vitamin C bekämpft freie Radikale, fördert den Austausch
von Eisen und Calcium, erhöht Resistenz gegen Infektionskrankheiten.
Anzahl Portionen:   2
Kalorien p. Portion  191
Gramm p. Portion    507,5
Kochdauer ca.       5 min
Allergene:          L
(Kohlehydrat:96,23% / Eiweiß & Fett:3,77%)
100g.≈ Eiweiß 4,98g. Fett:1,75g.
µg. - Ph:9,95 Na:13,47 Ka:7,78 Mg:105,69 Ca:185,97 Fe:0,27 Zn:0,05 Col.:0 Hsr.:2,68

**Zutaten:**
Grundrezept für eine Reissuppe (Congee) 4 Tassen / 500g.
(empfehlenswert)
Grundrezept für eine Gemüsebrühe nahrhaft 1/2 Liter / 500g.
(empfehlenswert)
Dulse (Lappentang) 2 EL / 15g. (ja)

**Kochanleitung:**
Je eine Portion vorgekochtes Grundrezept für eine Reissuppe (Congee)
und vorgekochtes Grundrezept für eine Gemüsebrühe (nahrhaft)
aufwärmen. Dulse im Backofen bei 220 Grad 3 Min. backen und die
knusprige Dulse über den Reis streuen.

## 3.41 Reispudding

Reguliert Magen-Darm-Funktion, stärkt Milz, Magen und Muskeln,
liefert Vitamin C.
Anzahl Portionen:   1
Kalorien p. Portion  316
Gramm p. Portion    329
Kochdauer ca.       2 Stunden
Allergene:          G
(Kohlehydrat:75,96% / Eiweiß & Fett:24,04%)
100g.≈ Eiweiß 9,26g. Fett:7,36g.
µg. - Ph:91,08 Na:31,47 Ka:222,68 Mg:30,22 Ca:77,57 Fe:0,44 Zn:0,42 Col.:3,65
Hsr.:17,51

**Zutaten:**
Kuhmilch (Vollmilch 3,5 % Fett) 200 ml. / 200g. (wenig)
Reis Rundkornreis 25 g. / 25g. (ja)
Banane 100 g. / 100g. (empfehlenswert)
Rote Grütze (ohne Zucker) 2 TL / 4g. (ja)

**Kochanleitung:**
Die Hälfte der Milch in einem kleinen Topf zum Kochen bringen. Den
Reis einstreuen und bei schwacher Hitze etwa 15 Min. kochen lassen.
Die Banane schälen, mit dem Pürierstab fein zermusen und den Rote-
Bete-Saft dazugeben. Das Bananenmus unter den heißen Reis ziehen.
Eine hübsche Puddingform (ca. ¼ l Inhalt) mit kaltem Wasser
ausschwenken, den Bananenreis in die Form füllen und den Pudding
bei Zimmertemperatur ausquellen lassen. Nach etwa 3 Std. ist er fest
und kann gestürzt werden. Die restliche Milch als Getränk dazugeben.

## 3.42 Rosmarinkartoffeln

Kartoffel stärkt die Milz, lindert Entzündungen, verbessert die
Verdauung, regeneriert die Haut, ist harntreibend, senkt
Cholesterinspiegel Rosmarin fördert Verdauung, stärkt Lunge, Milz und
Nieren.
Anzahl Portionen: 2
Kalorien p. Portion 189
Gramm p. Portion 216,5
Kochdauer ca. 30 Min.
(Kohlehydrat:76,49% / Eiweiß & Fett:23,51%)
100g.≈ Eiweiß 4,21g. Fett:5,25g.
µg. - Ph:23,02 Na:1,45 Ka:165,76 Mg:9,44 Ca:3,73 Fe:0,2 Zn:0,07 Col.:0,01 Hsr.:7,27

**Zutaten:**
Kartoffel 6-8 Stück / 420g. (empfehlenswert)
Salz Kräutersalz 1 Prise / 1g. (wenig)
Olivenöl 1 EL / 10g. (wenig)
Rosmarin 1 TL / 2g. (ja)

**Kochanleitung:**
Kartoffeln der Länge nach halbieren, mit etwas Olivenöl bestreichen,
salzen, 2-3 Rosmarinnadeln auf jede halbe Kartoffel streuen, auf
Backblech setzen und im vorgeheizten Backofen ca. 25 Min. bei 190
Grad backen.

## 3.43 Rührei mit Rucola und Kräutern

Beruhigt Nerven und Magen, fördert Verdauung, entgiftet, stärkt Säfteproduktion, treibt Schweiß, reduziert Blutfett, regt an, löst Stagnation, regt Leberfunktion an, harmonisiert Leber und Milz, stärkt Sehkraft, entgiftet.

Anzahl Portionen: 1
Kalorien p. Portion 360
Gramm p. Portion 191
Kochdauer ca. 10 Min
Allergene: CG
(Kohlehydrat:11% / Eiweiß & Fett:89%)
100g.≈ Eiweiß 16,61g. Fett:30,38g.
µg. - Ph:156,1 Na:98,06 Ka:229,29 Mg:15,37 Ca:66,01 Fe:1,96 Zn:0,98 Col.:273,93 Hsr.:9,63

**Zutaten:**

Butter Bio 2 EL / 20g. (ja)
Ingwer frisch 1 Messerspitze / 1g. (wenig)
Huhn Ei 2 Stück / 120g. (wenig)
Pfeffer gemahlen 1 Prise / 0,5g. ()
Koriander 1 Prise / 1g. (ja)
Petersilie 2 EL / 16g. (empfehlenswert)
Oregano getrocknet 1 TL / 2g. (ja)
Bohnenkraut 1 Prise / 0,5g. (wenig)

**Kochanleitung:**

Ein Stück Butter in einer Pfanne schmelzen lassen. Etwas kleingeschnittenen Ingwer kurz darin anbraten. 1 Ei darin aufschlagen und frisch gemahlenen Pfeffer, eine Prise Koriander, Bohnenkraut, etwas Salz, gehackte Petersilie, Rucola und Oregano (kleingeschnitten) unterrühren, bis das Ei stockt, aber noch saftig ist. Dazu passt: Hirse, Polenta, Kartoffeln, getoastetes Brot. Bekömmlicher ist das Gericht jedoch ohne Kohlehydrate.

## 3.44 Tee aus Anissamen

Anis (gemeiner Fenchel) fördert Verdauung, stärkt Magen und Milz.

Anzahl Portionen: 4
Kalorien p. Portion 3
Gramm p. Portion 125,75
Kochdauer ca. 15 Min.
(Kohlehydrat:51,11% / Eiweiß & Fett:48,89%)
100g.≈ Eiweiß 0,14g. Fett:0,12g.
µg. - Ph:0,71 Na:0,27 Ka:2,06 Mg:0,5 Ca:2,29 Fe:0 Zn:0,01 Col.:0 Hsr.:0

**Zutaten:**
Anis (gemeiner Fenchel) 1 TL / 3g. (empfehlenswert)
Wasser 1/2 Liter / 500g. (ja)

**Kochanleitung:**
Wasser zum Kochen bringen und beiseite stellen. Anis zugeben, 10
Min. ziehen lassen und durch ein Teesieb abgießen. Nach Geschmack
mit Honig süßen. Um eine heilsame Wirkung zu erzielen, sollte man pro
Tag 2 Tassen Anis-Tee trinken.

## 3.45 Tee aus Fenchel

Harmonisiert Magen, lindert Blähungen.
Anzahl Portionen:  4
Kalorien p. Portion  0
Gramm p. Portion  130
Kochdauer ca.  10 min
(Kohlehydrat:0% / Eiweiß & Fett:0%)
100g.≈ Eiweiß 0g. Fett:0g.
µg. - Ph:0 Na:0,24 Ka:0 Mg:0,24 Ca:1,2 Fe:0 Zn:0,01 Col.:0 Hsr.:0

**Zutaten:**
Fencheltee 2 EL / 20g. (empfehlenswert)
Wasser 1/2 Liter / 500g. (ja)

**Kochanleitung:**
Wasser zum Kochen bringen und beiseite stellen. Fencheltee
dazugeben und 10 Min. ziehen lassen. Abseihen und nach Geschmack
mit Honig süßen.

## 3.46 Tee aus Holunderblüten

Harn- und schweißtreibend. Gut bei Halsschmerzen, Erkältungen,
Grippe, Harnsteinen, Konzentrationsschwäche, Mitessern, Rheuma,
Verstopfung, Wassersucht, Heuschnupfen. Stärkt das Immunsystem.
Anzahl Portionen:  4
Kalorien p. Portion  7
Gramm p. Portion  128
Kochdauer ca.  10 Min.
Allergene:
(Kohlehydrat:0% / Eiweiß & Fett:0%)
100g.≈ Eiweiß 0g. Fett:0g.
µg. - Ph:0 Na:0,24 Ka:0 Mg:0,24 Ca:1,22 Fe:0 Zn:0,01 Col.:0 Hsr.:0

**Zutaten:**
Holunderblütentee 4 TL / 12g. (empfehlenswert)
Wasser 1/2 Liter / 500g. (ja)

**Kochanleitung:**
Die Holunderblüten mit kochendem Wasser übergießen und nach 5 Min. abseihen.

## 3.47 Tee aus Ingwer mit Honig

Honig lindert Schmerzen, entgiftet, ist bakterizid. Frischer Ingwer fördert Verdauung, entgiftet, stärkt Säfteproduktion, treibt Schweiß, reduziert Blutfett, regt an, löst Stagnation.

Anzahl Portionen:   4
Kalorien p. Portion   5
Gramm p. Portion   127,25
Kochdauer ca.   30 Min.
(Kohlehydrat:98,08% / Eiweiß & Fett:1,92%)
100g.≈ Eiweiß 0,02g. Fett:0,01g.
µg. - Ph:0,1 Na:0,29 Ka:0,7 Mg:0,33 Ca:1,27 Fe:0,01 Zn:0,01 Col.:0 Hsr.:0

**Zutaten:**
Ingwer frisch 1 TL / 3g. (wenig)
Wasser 1/2 Liter / 500g. (ja)
Honig 2 TL / 6g. (wenig)

**Kochanleitung:**
Wasser zum Kochen bringen und beiseite stellen. Ingwer zugeben und 20-30 Min. ziehen lassen. Nach Geschmack mit Honig süßen.

## 3.48 Tee aus Koriander

Koriander fördert Verdauung, ist schweißtreibend.

Anzahl Portionen:   4
Kalorien p. Portion   2
Gramm p. Portion   125,75
Kochdauer ca.   10 Min.
(Kohlehydrat:100% / Eiweiß & Fett:0%)
100g.≈ Eiweiß 0g. Fett:0g.
µg. - Ph:0,6 Na:0,3 Ka:1,76 Mg:0,72 Ca:2,3 Fe:0,01 Zn:0,01 Col.:0 Hsr.:0

**Zutaten:**
Koriander 1 TL / 3g. (ja)
Wasser 1/2 Liter / 500g. (ja)

**Kochanleitung:**
Wasser zum Kochen bringen und beiseite stellen. Koriander dazugeben und 10 Min. ziehen lassen.

## 3.49 Tee aus Kümmel

Kümmel fördert die Verdauung und lindert Blähungen.

Anzahl Portionen: 4
Kalorien p. Portion 2
Gramm p. Portion 125,75
Kochdauer ca. 10 Min.
(Kohlehydrat:59,19% / Eiweiß & Fett:40,81%)
100g.≈ Eiweiß 0,15g. Fett:0,11g.
µg. - Ph:0,8 Na:0,28 Ka:1,91 Mg:0,67 Ca:2,67 Fe:0,01 Zn:0,01 Col.:0 Hsr.:0

**Zutaten:**
Kümmel 1 TL / 3g. (empfehlenswert)
Wasser 1/2 Liter / 500g. (ja)

**Kochanleitung:**
Wasser zum Kochen bringen und beiseite stellen. Zerriebenen Kümmel
dazugeben und 10 Min. ziehen lassen. Abseihen und nach Geschmack
mit Honig süßen.2 mal täglich 1 Tasse trinken.

## 3.50 Tee aus Majoran

Hilft bei der Verdauung von fetten Speisen, harntreibend, antibakterielle
Wirkung im Mund-Rachenraum. Hilft bei Wechseljahrsbeschwerden.

Anzahl Portionen: 4
Kalorien p. Portion 1
Gramm p. Portion 126,5
Kochdauer ca. 10 Min.
(Kohlehydrat:68% / Eiweiß & Fett:32%)
100g.≈ Eiweiß 0,03g. Fett:0,02g.
µg. - Ph:0,14 Na:0,28 Ka:0,73 Mg:0,41 Ca:2,21 Fe:0,01 Zn:0,01 Col.:0 Hsr.:0

**Zutaten:**
Majoran 2 TL / 6g. (ja)
Wasser 1/2 Liter / 500g. (ja)

**Kochanleitung:**
Gießen Sie den Majoran mit kochendem Wasser auf, nach 10 Min.
abseihen und je 1 Tasse morgens und abends trinken.

# 3.51 Tee aus Rooibos

Antioxidativ, entzündungshemmend, antibakteriell, antiviral, antifungal, entgiftend (basisch), krebshemmend, schützt durch enthaltene Flavonoide, positive Wirkung bei Alzheimer und Arteriosklerose. Antiallergisch, hemmt die Histaminausschüttung.

Anzahl Portionen:   5
Kalorien p. Portion  0
Gramm p. Portion    200,8
Kochdauer ca.        10 Min.
(Kohlehydrat:0% / Eiweiß & Fett:0%)
100g.≈ Eiweiß 0g. Fett:0g.
µg. - Ph:0 Na:0,2 Ka:0 Mg:0,2 Ca:1 Fe:0 Zn:0 Col.:0 Hsr.:0

**Zutaten:**
Wasser 1 Liter / 1000g. (ja)

**Kochanleitung:**
3-4 TL Rooibos mit einem Liter kochenden Wasser überbrühen und 6-10 Min. ziehen lassen. Bei weichem Wasser können Sie weniger Tee für die Zubereitung nehmen, bei härterem Wasser empfehlen wir eine höhere Dosierung.

# 3.52 Tomaten mit Mozzarella

Fördert Verdauung, hilft Fett zu verdauen, harntreibend, senkt Blutdruck. Hilft bei Appetitlosigkeit, Blähungen, Darmentzündungen, Übelkeit, ist entkrampfend und beruhigend.

Anzahl Portionen:   1
Kalorien p. Portion  436
Gramm p. Portion    217
Kochdauer ca.        5 min
Allergene:           AG
(Kohlehydrat:36,98% / Eiweiß & Fett:63,02%)
100g.≈ Eiweiß 14,85g. Fett:30,32g.
µg. - Ph:90,53 Na:176,32 Ka:158,47 Mg:12,75 Ca:109,48 Fe:0,33 Zn:0,5 Col.:10,69 Hsr.:13,46

**Zutaten:**
Mozzarella 1 Stück / 50g. (wenig)
Tomate 2 Stück / 100g. (wenig)
Salz 1 Prise / 1g. (wenig)
Basilikum (frisch) 5 Blätter / 6g. (ja)
Olivenöl 2 EL / 20g. (wenig)
Weißbrot (Weizenbrot) 2 Scheiben / 40g. (ja)

**Kochanleitung:**
Tomaten und Mozzarella in Scheiben schneiden. Auf Teller verteilen, salzen und mit Basilikum und Olivenöl anrichten. Dazu Weißbrot servieren.

## 3.53 Ungarischer Reissalat

Fördert Verdauung, hilft Fett zu verdauen, harntreibend, senkt Blutdruck, stärkt Nieren und Blase, erwärmt den Körper von innen, erweitert die Gefäße, stärkt die Muskeln, reguliert Innenorganfunktionen.

Anzahl Portionen: 2
Kalorien p. Portion 421
Gramm p. Portion 323,75
Kochdauer ca. 25 Min.
Allergene: GM
(Kohlehydrat:54,13% / Eiweiß & Fett:45,87%)
100g.≈ Eiweiß 8,23g. Fett:14,84g.
µg. - Ph:37,91 Na:20,49 Ka:52,31 Mg:11,09 Ca:28,82 Fe:0,24 Zn:0,12 Col.:0,77 Hsr.:9,26

**Zutaten:**
Reis Vollkorn 1/2 Tasse / 60g. (ja)
Wasser 3 Tassen / 300g. (ja)
Salz 1 Prise / 0,3g. (wenig)
Tomate 100 g. / 100g. (wenig)
Paprika 50 g. / 50g. (wenig)
Champignon 30 g. / 30g. (ja)
Edamer 30 g. / 30g. (wenig)
Joghurt (natur, 1,5 % Fett) 45 g. / 45g. (ja)
Salz 1 Prise / 1g. (wenig)
Kräuter verschiedene 1 EL / 8g. (ja)
Rapsöl 2 EL / 20g. (wenig)
Senf 1 TL / 3g. (wenig)
Pfeffer gemahlen 1 Prise / 0,2g. ()

**Kochanleitung:**
Reis in reichlich kochendem Salzwasser körnig weich kochen und abtropfen lassen. Tomaten und Paprikaschote waschen und entkernen. Beide klein würfeln. Champignons (aus der Dose oder in Rapsöl kurz anrösten) und Käse in kleine Würfel schneiden und zum Reis geben. Marinade herstellen und mit den Zutaten vermischen. Kühl stellen und mindestens 1 Std. durchziehen lassen.

## 3.54 Vanillepudding

Gegen Verstopfung.
Anzahl Portionen:   2
Kalorien p. Portion   255
Gramm p. Portion   274,5
Kochdauer ca.   10 Min.
Allergene:   G
(Kohlehydrat:67,17% / Eiweiß & Fett:32,83%)
100g.≈ Eiweiß 8,11g. Fett:8,88g.
µg. - Ph:44,27 Na:33,55 Ka:70,35 Mg:5,7 Ca:55,16 Fe:0,1 Zn:0,09 Col.:1,37 Hsr.:0

### Zutaten:

Kuhmilch (Vollmilch 3,5 % Fett) 500 ml. / 500g. (wenig)
Puddingpulver Vanille 1 Paket / 37g. (ja)
Zucker (weiß, aus Rüben) 1 EL / 12g. (wenig)

### Kochanleitung:

3-5 EL der Milch in eine Tasse geben und den Rest in einem Topf zum
Kochen bringen. Das Puddingpulver zusammen mit dem Zucker und
der Milch in der Tasse klümpchenfrei verrühren. Sobald die Milch kocht,
die Mischung zugeben und unter ständigem Rühren auf kleiner Flamme
ca. 3 Min. kochen. In vorbereitete Schälchen verteilen.

# 4 Wirkung der Lebensmittel

## 4.1 Zutaten verwenden: empfehlenswert

Anis (gemeiner Fenchel)
Aubergine
Banane
Banane Kochbanane
Brombeere
Dill
Dorsch
Feldsalat
Fenchelsamen gemahlen
Fencheltee
Flaschenkürbis
wärmend
Hokkaidokürbis
Holunderbeeren
Holunderblütentee
Honigmelone
Hüttenkäse
Kamille
Karausche
Karotte (Frühkarotte)
Karotte (Mohrrübe, Möhre)

Karottensaft ohne Zucker
Kartoffel
Kartoffel (mehlige)
Käsepappeltee
Kerbel
Kerbel getrocknet
Kräuterteemischung
Kresse
Kümmel
Kümmel gemahlen
Kürbis
Liebstöckel
Petersilie
Petersilienwurzel
Rote Rübe
Schwarzkümmel
Sellerie Knolle
Speiserüben
Wachskürbis
Wassermelone
Zucchini

## 4.2 Zutaten verwenden: ja

Aloesaft
Amaranth
Amaranth POPS
Angelikawurzel
Apfelmus
Astronautenkost
Austern
Backpulver
Baldrian
Banchatee
Barsch
Basilikum
Basilikum (frisch)
Bataviasalat
Beeren der Saison
Berberitzenrindetee
Bitterklee
Blattsalate (bitter)
Blütenpollen
Bockshornklee
Borretsch
Boxhornkleesamen

Brennnessel
Brokkoli
Brombeerblätter
Brösel (Weizenbrot, Semmel)
Brot mit Johannisbrotkernmehl
Brötchen (Semmel)
Buchweizen
Buchweizen (geröstet) Kasha
Bulgur (Getreide)
Butter (halbfett)
Butter Bio
Buttermilch
Calamari
Champignon
Channa-Dal
Chicorée
Chlorella (Süßwasser)
Chrysanthemenblütentee
Couscous
Cumin (Kreuzkümmel)
Dashi
Dinkel Flocken

Dinkel Gries
Dornhai (Seeaal, Schillerlocken)
Dulse (Lappentang)
Eisbergsalat
Endiviensalat
Enzianwurzel
Erdbeere
Estragon
Färberdiestel (Hong Hua)
Feige
Fischstücke gemischt (Süßwasser)
Flunder
Forelle
Früchtetee
Galgant
Gänseblümchen
Garnele
Gelatine weiss
Gelee Royal
Gerste
Gerste (Nacktgerste)
Gerste (Perlgerste)
Gerstengras Pulver
Gerstengraupen
Gerstengrütze
Gerstenmalz
Gerstenmehl
Getreidekaffee
Gewürznelke
Ginkgofrucht
Ginsengwurzel
Glühweingewürzmischung
Granatapfel
Grüner Tee
Guave
Hafer
Hafer Flocken (Vollkorn)
Hafer Mehl
Hafer Milch
Hafer Schmelzlocken (Babynahrung)
Hagebutte
Hagebuttentee
Haifisch
Heidelbeere
Heilbutt
Hibiskustee
Hijiki
Himbeerblättertee
Himbeere
Hiobsträne (Samen) YiYi Ren
Hirse
Hirseflocken
Huhn Eiweiß
Hummer

Jasminblütentee
Joghurt (natur, 1,5 % Fett)
Johannisbeere (rot)
Johannisbeere (schwarz)
Johannisbeere (weiß)
Johannisbrotkernmehl
Kabeljau
Kaffeeweißer
Kaktusfeige
Kalmus
Kapuzinerkresse
Karambole/Sternfrucht
Kardamom
Kartoffelmehl
Kefir
Klettenwurzeltee
Knäckebrot
Kohlrabi
Kohlrübe
Kompott (Früchte der Saison)
Kopfsalat
Koriander
Koriandergrün
Krabbe
Krake
Kräuter bittere
Kräuter der Provence
Kräuter verschiedene
Kräuter Wildkräuter
Kuhmilch (1,5 % Fett)
Kukichatee
Kumquat
Kurkuma (Gelbwurz)
Kuzu
Lachs
Languste
Laugengebäck
Lavendelblüten
Leberglättertee
Liebstöckelsamen
Lindenblütentee
Löffelbiskuit
Longane
Lorbeerblatt
Löwenzahn (junger)
Löwenzahnsaft
Löwenzahnwurzeltee
Luohan-Frucht
Lychee
Lychee (Konserve)
Magermilchpulver
Mais
Mais (geröstet)
Mais (Schnellpolenta)

Mais Gries (Polenta)
Mais Mehl (Maizena)
Maishaartee
Maisstärke
Majoran
Malventee
Mandeln
Maulbeerfrucht
Meeräsche
Meereskrebs
Melisse
Miesmuscheln
Miso
Miso schwarz (fermentiert)
Mispel
Mittelmeerfisch (Kabeljau, Scholle,
Schellfisch, Seeaal, Makrele)
Molke
Moosbeere
Muskatnuss
Nelke
Nori, Purpurtang, Rotalge
Nudeln (Vollkorn) mit Ei
Nudeln (Weizen) mit Ei
Nudeln (Weizen, Bandnudeln) mit Ei
Nudeln (Weizen, Lasagneblätter) mit Ei
Nudeln (Weizen, Spagetti) mit Ei
Okra
Orangenblüten
Oregano frisch
Oregano getrocknet
Papaya
Passionsblumenblütentee
Passionsfrucht (Maracuja)
Pastinake
Pfefferminze
Pfefferminztee
Pfeilwurzelmehl
Piment
Preiselbeere
Preiselbeermarmelade
Preiselbeersaft
Puddingpulver Vanille
Qualle
Quargel 20%
Quinoa
Quitte
Radicchio
Reis Basmatireis
Reis Duftreis
Reis Gaoliangreis (Sorghum)
Reis Klebreis
Reis Langkornreis
Reis Reisschleim

Reis Roter
Reis Rundkornreis
Reis Sorte beliebig
Reis Süßer
Reis Vollkorn
Reismalz
Reismehl
Reisnudeln
Reisstärke
Rettich schwarz
Rettichblätter (vom Wochenmarkt)
Roggen
Roggenmehl
Römersalat/Lattich-Salat
Rosenblättertee
Rosenblütentee
Rosmarin
Rotbarsch
Rote Grütze (ohne Zucker)
Safran
Sago (Getreide)
Sahne 10% Kaffeesahne
Sahne sauer 10%
Salbei
Sanddorn
Sauerampfer
Sauermilch
Sauerrahm 15% Fett
Sauerteig
Schafgarbe
Schafgarbentee
Schafmilch Joghurt
Schafskäse
Schafsmilch
Schmelzkäse 12%
Schnecke
Scholle
Schwedenkraut (Schwedenbitter)
Shrimps
Spitzwegerichtee
Stachelbeere
Sternanis
Stevia (Süßkraut)
Stutenmilch
Süßholzwurzeltee
Süßkartoffel
Süßwasserfisch
Süßwasserkrebs
Teemischung Harnsäuresenkend
Thymian
Thymian getrocknet
Tintenfisch
Topfen (Quark) 20%
Tsampa (geröstetes Gerstenmehl)

Vanille
Vanillepulver
Vanilleschote
Vogelmiere
Vogerlsalat (Pflücksalat)
Wacholderbeere
Wakame
Walderdbeeren
Wasser
Wasser heiss
Weißbrot (Weizenbrot)
Weißbrot Baguette
Weißbrot Brösel (Weizenbrot)
Weißbrot Knödelbrot (Weizenbrot)
Weißbrot Salzstangerl
Weißbrot Semmel
Weißdorn
Weißfischchen
Weißwurz
Weizen
Weizen Bulgurweizen
Weizen Fladenbrot

Weizen Flocken
Weizen Gras Pulver
Weizen Gries
Weizen Gries - Kindergries
Weizen Mehl
Weizengrassaft
Wermutkraut
Wildkräuter
Yamswurzel, Yamswurzelknolle
Yogitee
Ysop
Ziegen- und Schafsmilch
Ziegenkäse
Zimtpulver
Zimtstange
Zitrone Schale
Zitronengras
Zitronenmelisse (frisch)
Zitronenmelisse (getrocknet)
Zuckerersatz (Süßstoff)
Zwieback

## 4.3   Zutaten verwenden: wenig

Acerola Fruchtnektar oder Pulver
Agar-Agar, Agartang
Agavendicksaft
Ahornsirup
Ananas
Ananas (aus der Dose)
Ananassaft ungezuckert
Apfel (sauer)
Apfel (süß)
Apfelsaft (Naturtrüb)
Aprikosen Marmelade
Avocado
Bärentraubenblätter
Beerensaft
Benediktinerdistel
Birne
Birnensaft
Blumenkohl (Karfiol)
Bohnen (grün, frisch)
Bohnenkraut
Bohnenöl
Borretschöl
Bratöl
Brombeermarmelade
Buchweizen Vollkorn
Butterschmalz
Cranberries
Creme fraiche
Datteln getrocknet

Datteln rot
Dinkel
Dinkel Brot
Dinkel Vollkornmehl
Distelöl
Edamer
Eibisch (Hibiscus)
Entenei
Erdbeermarmelade
Erdbeersaftgetränk
Erdnussöl
Essig (Apfelessig)
Essig (Rotweinessig)
Essig Aceto Balsamico
Essig Aceto Balsamico weiss
Fasan
Feige getrocknet
Feta
Fisch Innereien
Fischreste
Fischsouce
Frischkäse
Frischkäse aus Soja
Frischkäse mit Kräuter
Fruchtzucker (Fruktose,
Traubenzucker)
Gänseei
Gemüsesaft
Gouda

Graskarpfen
Grünkern
Gurke
Gurke (bitter)
Gurke (Gewürzgurke)
Hafer Flocken geröstet
Hammel
Hase
Hase, wild
Hefe
Heidelbeere getrocknet
Heidelbeermarmelade
Heidelbeersaft
Hering
Himbeere getrocknet (unreife)
Himbeermarmelade
Hirsch Fleisch
Hirsch Knochen
Honig
Hopfen
Huhn Ei
Huhn Eigelb
Huhn Fleisch
Ingwer frisch
Ingwer Pulver
Joghurt (natur, 3,5 % Fett)
Johannisbeermarmelade (rot)
Johannisbeermarmelade (schwarz)
Johannisbeernektar (schwarz)
Kakao
Kaninchen Fleisch
Kapern (eingelegt)
Kastanien (Maronen)
Kaviar
Kiwi
Kokosflocken
Kokosraspeln
Kombualge
Korinthen (rot)
Korinthen (schwarz)
Kuhmilch (Vollmilch 3,5 % Fett)
Kürbiskernöl
Lamm Fleisch
Lamm Knochen
Lamm Schulter
Leinöl
Maiskeimöl
Makrele
Malz
Mango
Mangopulver
Mangosaft
Margarine
Margarine (Diät)

Mehrkornbrot (Graubrot)
Mineralwasser
Mohn
Mozzarella
Nektarine
Obstmischung Fruchtsaft
Olivenöl
Orangenmarmelade
Palmöl
Paprika
Pferd Fleisch
Pfirsich
Pfirsich (Dose)
Pute Brustfleisch
Pute Schinken
Rapsöl
Reh Fleisch
Rind (Kalb)
Rind Filet
Rind Fleisch
Rind Fleischknochen
Rind Ochsenschwanzstücke
Rind Suppenfleisch
Rosinen
Sahne sauer 20%
Salz
Salz Kräutersalz
Schaffleisch
Schimmelkäse
Schmelzkäse 30%
Schwein Fleisch
Schwein Haxe (Eisbein)
Schwein Schinken
Schwein Schinken gekocht
Schwein Schinken geselcht
Senf
Senfsamen
Sesamöl
Soja Tofu
Soja Tofu geräuchert
Sojabohnenmilch
Sojamehl
Soja-Nudeln
Sojaöl
Sojasauce
Sonnenblumenöl
Taube
Taube Ei
Thunfisch
Tomate
Tomatenmark
Tomatenpüre
Tomatensaft
Tonicwasser

Topfen (Quark) 40%
Trauben rot
Trauben weiß
Traubenkernöl
Traubensaft rot
Traubensaft weiß
Trüffel
Umeboshipaste
Vanillezucker natur
Wachtel
Wachtel Ei
Walnussöl
Weizenkeimöl
Wildschwein Fleisch

Ziege
Zitrone Saft
Zucker (Staubzucker)
Zucker (weiß, aus Rüben)
Zucker braun
Zucker Fructose Fruchtzucker
Zucker Glukose Traubenzucker
Zucker Kandis weiß
Zucker Melasse
Zucker Milchzucker
Zucker Palmzucker
Zucker Ursüße (Zuckerrohr) süß

## 4.4 Kontraindikativ wirkende Lebensmittel nicht verwenden

Aal
Aal geräuchert
Adzukibohnen
Andornkraut
Aprikose
Aprikose getrocknet
Aprikosennektar
Artischocke
Austernpilze
Austernschalenpulver
Bambussprossen
Bärlauch (Knoblauchspinat)
Bier (alkoholarm)
Bier (alkoholfrei)
Bier (Altbier)
Bier (Pils)
Bitter Lemon
Bitterlikör
Bitterorangenschale
Blätterteig
Bocksdornfrüchte (Fructus Lycii) getrocknet
Brie
Brombeere getrocknet (unreife)
Buschbohnen
Butterbohnen weiße
Camembert
Campari
Cashewnüsse
Chenpi (chinesische Mandarinenschale)
Chili (Schote oder gemahlen)
Chinakohl
Clementinen
Colagetränk
Colagetränk (kalorienarm)

Curry
Currypaste rot
Eibennuss
Emmentaler
Ente (Frühmastente, schlachtfrisch)
Ente (Herz)
Erbse, grün
Erbsen
Erdnuss (geröstet)
Erdnussbutter
Erdnüsse
Essiggurke
Färberginsterkraut
Fenchel
Fernet Branca (Kräuterbitterlikör)
Flohsamen
Forelle (geräuchert)
Gagelpflaume
Gans
Gans (Gänseklein)
Gans (Gänseschmalz)
Gänseblut
Garam Masala Pulver
Ginsenglikör
Gorgonzola
Grapefruit getrocknete Schale
Grapefruit/Pampelmuse/Pomelo
Grapefruitsaft
Grundrezept für eine Entenbrühe
Hafer Schrot
Haselnüsse
Hirsch Nieren
Honigwein (Met)
Huhn Blut
Huhn Herz
Huhn Leber

Huhn Magen
Ingweröl
Kaffee
Kaki-Pflaume
Kaninchen Leber
Karpfen
Kichererbsen
Kirsche
Kirsche (sauer)
Kirschenkompott
Kirschsaft
Klementine
Knoblauch
Kokosfett
Kokosmilch
Kokosnussfleisch
Kürbiskerne
Lamm Leber
Lamm Nieren
Lauch (Porree)
Lauchzwiebel Schnittlauch
Leinsamen
Leinsamen (geschrotet)
Limabohnen
Linsen (Helmbohnen)
Linsen gelb
Linsen rot
Linsen schwarz
Lycheelikör
Malzbier
Mandarine
Mandelmilch
Mandelmus
Mandeln Marzipan
Mangold
Maniokmehl
Marillen
Marillensaft
Martini
Mayonnaise 50%
Mayonnaise 80%
Mirabelle
Mixed Pickels
Morchel (schwarz, getrocknet)
Mu-Erh-Pilz
Mungbohne
Mungbohnensprossen
Müsli
Nachtkerzenöl
Nierenbohnen (rote)
Odermennig
Oliven
Oliven grün
Orange

Orange abgeriebene Schale
Orange getrocknete Schale
Orange Schale
Orangensaft
Paprika (Rosenpaprikapulver)
Paprika (süß)
Paranuss
Parmesan
Peperoni
Peperoni, gelb, entkernt, halbiert
Peperoni, rot, entkernt, halbiert
Pfeffer Cayenne
Pfeffer Körner
Pfeffer weiss (gemahlen)
Pfifferlinge/Eierschwammerl
Pflaume
Pflaume getrocknet
Pinienkerne
Pintobohnen gesprenkelt
Pistazien
Prosecco
Pumpernickel
Radieschen
Reineclaude
Reis Schwarzer
Reis Wilder (Naturreis)
Reishi
Rettich (weiß, grün, lila-rot)
Rettich Meerrettich (Kren)
Rhabarber
Rind Herz
Rind Herz (Kalb)
Rind Knochenmark
Rind Leber
Rind Lunge (Kalb)
Rind Magen
Rind Niere
Roggen Vollkornbrot
Rosenkohl
Rotkohl
Rotwein
Rum
Sahne sauer 30%
Sahne, süß 30%
Sake
Sardellen/Sardine
Saubohnen (Dicke Bohnen)
Sauerkirsche
Sauerkraut
Schlehdorn
Schnaps
Schokolade
Schokolade (Diabetiker)
Schwarzaugenbohnen

Schwarze Bohnen
Schwarzer Fungu Pilz
Schwarztee
Schwarzwurzel
Schwein Blut
Schwein Bratwurst
Schwein Darm
Schwein Fett
Schwein Haut
Schwein Herz
Schwein Hirn
Schwein Leber
Schwein Lunge
Schwein Magen
Schwein Markknochen
(Röhrenknochen)
Schwein Mettwurst
Schwein Nieren
Schwein Schinkenspeck
Schwein Schmalz
Seegurke
Sellerie Stangensellerie
Senf Dijon
Senf mittelscharf
Senf süß
Sesam Paste (Tahini)
Sesam, Schwarzer
Sesam, Weißer
Sesamöl geröstet
Sherry
Shiitake, getrocknet
Silbermorchel, getrocknet
Soja Cuisine (Soja-Sahne)
Sojabohne
Sojabohnen, Gelbe
Sojabohnen, Schwarze
Sojabohnen, Schwarze, fermentiert

Sojacreme
Sojapaste (Miso)
Sonnenblumenkerne
Spargel (grün oder weiß)
Spinat
Stangenbohnen (Fisolen)
Steinpilz/Herrenpilz
Tabasco
Toastbrot (Vollkorn)
Tomate getrocknet
Umeboshipflaumen (Japanaprikosen)
Vollkornbrot
Vollkornbrot mit ganzen Körner
Vollkornmehl
Walnüsse
Walnüsse geröstet
Weiße Bohnen
Weißkohl/Weißkraut
Weißwein
Weizen Bier
Weizen Mehl Vollkorn
Weizen/Roggen Grau- Schwarzbrot mit
Hefe
Weizenkleie
Wermut
Wirsing/Grünkohl
Ziegen- und Schafsblut
Ziegen- und Schafshirn
Ziegen- und Schafsleber
Ziegen- und Schafsmagen
Zitrone
Zitrone, Limette
Zwetschken
Zwiebel Frühlingszwiebel
Zwiebel rot
Zwiebel Schalotte
Zwiebel weiss

# 5 Komplementär

## 5.1 Dekokt (Abkochung)

### 5.1.1 Muttergedenkenwurzel

Senkt Fieber, lindert Schleimhautentzündungen, weicht gereiztes Darmgewebe auf, wirkt harntreibend und abschwellend.
Abkochung 6-12 g, in zwei Dosen auf leeren Magen trinken
Als Pulver (pur, Kapseln oder Pillen) 5-10 g, in zwei Dosen auf leeren Magen mit warmem Wasser oder Wein trinken.
Nicht anwenden bei: bei Leere-Kälte-Zuständen in Milz und Magen; bei wässrigem Durchfall Besonderheiten: Chronische Anwendung kann zu Darmträgheit führen.
Unverträglichkeit mit: Eisenpräparaten, allen Gegenständen aus Eisen.
Vorsichtig verwenden bei: weichem Stuhl durch Milz-Xu.

## 5.2 Heilbad

### 5.2.1 Bad mit Kamille

Entzündungshemmend, antibakteriell, krampflösend, wundheilungsfördernd. Beruhigender Effekt auf die Psyche.
Für ein Bad können ca. 40-60g getrocknete Kamillen als Sud oder je nach Gebrauchsanweisung Kamillenextrakt verwendet werden.

## 5.3 Heil-Tee (Aufguss)

### 5.3.1 Blutwurzel/Schminkwurz

Lindert Entzündungen des Darmes mit Durchfall, Blut im Stuhl, paratyphöse Diarrhöe. Äußerlich angewendet gegen blutende, nässende, allergische Entzündungen, Wunden, Ekzeme.
5-10g Blätter auf 1 Liter Wasser.

### 5.3.2 Frauenmantel

Aufgrund seines hohen Gerbstoffgehaltes und seiner adstringierenden Wirkung besitzt der Frauenmantel entzündungshemmende und wundheilende Eigenschaften.
2 Teelöffel getrockneter Tee mit 150 ml siedendem Wasser übergießen.
10 Minuten ziehen lassen und abseihen.
Für einen Tee verwendet man ca. 2 Teelöffel getrocknetes

Frauenmantelkraut und übergießt es mit 150 ml siedendem Wasser. Den Aufguss lässt man 10 Minuten ziehen und seiht ihn dann ab. Den Tee immer frisch zubereiten und trinken. Bei Beschwerden kann der Tee drei- bis fünfmal am Tag getrunken werden. Bei Durchfallerkrankungen sollte auf Zucker im Tee verzichtet werden, da dieser den Durchfall verstärken kann. Frauenmantelkraut ist in der Regel gut verträglich und kann daher über einen längeren Zeitraum verwendet werden.

Eine japanische Studie ergab, dass die Gerbstoffe (Ellagitannine) sogar tumorhemmend wirken können, regelmäßig angewendet kann der Frauenmantel somit gegen weibliche Krebserkrankungen vorbeugen.

### 5.3.3 Hirtentäschel

Reduziert Blutungen in Uterus, Verdauungstrakt, im Stuhl, Hämorrhoiden, Hypertonie.

1 TL Kraut mit 250 ml heißem Wasser aufgießen.

Für die Zubereitung des Tees in einer Kanne geben Sie einen Löffel mehr hinzu.

Die Ziehzeit beträgt 15 Minuten (abgedeckt ziehen lassen), anschließend durchseihen.

Die Pflanze verbessert die Blutzirkulation, den Blutdruck und hilft auch bei Blutungen sehr gut. Egal ob im Tee, Bad oder als Umschlag.

### 5.3.4 Kamille

Krampflösend und entzündungshemmend bei Verdauungsstörungen, beruhigt die Nerven und fördert guten Schlaf. Äußerlich angewendet heilt er Wunden sowohl im Mund-Rachen-Raum als auch der Haut. Stärkt Sehkraft.

2 Teelöffel des Tees mit 250 ml kochendem Wasser übergießen und 10 Minuten ziehen lassen. Danach absieben. Nach Bedarf 2 bis 3 Tassen pro Tag trinken.

Wirkstoffe: Äth. Öl: Chamazulen, Bisabolol, Flavonoide, Cumarine

Vor Dauergebrauch wird gewarnt, ansonsten unbedenklich.

### 5.3.5 Rooibos

Antioxidativ, entzündungshemmend, krebshemmend, schützt durch enthaltene Flavonoide, positive Wirkung auch auf Alzheimer, Arteriosklerose. Antiallergisch, hemmt die Histaminausschüttung. Antibakteriell, antiviral, antifungal, entgiftend (basisch).

3-4 Teelöffel Rooibos mit einem Liter kochendem Wasser überbrühen und 6-10 Min. ziehen lassen. Bei weichem Wasser benötigen Sie weniger Tee für die Zubereitung, bei härterem Wasser empfehlen wir eine höhere Dosierung.

### 5.3.6 Weidenrinde

Fiebersenkend, Entzündungshemmend, Schmerzlindernd.
9-15 g

## 5.4 Kapseln

### 5.4.1 Holunderschwamm, Chinesische Morchel, Mu Err

Ähnlich entzündungshemmender Effekt wie Aspirin, diesem gegenüber jedoch die klaren Vorteile, weder die Blutgefäße zu beschädigen noch die Produktion der Magenschleimhaut zu hemmen. Er wirkt befeuchtend auf die Schleimhäute.
Der Mineralstoff- und Spurenelementanteil beträgt ca.5,4% des getrockneten Pilzes. Davon ist ca. ein Drittel Kalium, gefolgt von Kalzium, Natrium, Silizium, Magnesium und Phosphor. An Vitaminen ist momentan nur Vitamin B1 zu nennen. Der Pilz enthält reichlich ß-D-Glucane, Polysaccharide, Glykoproteine und Aminosäuren.

## 5.5 Komplementäre Anwendung

### 5.5.1 Apitherapie

Die Heilwirkung von Honig, Propolis, Blütenpollen, Gelee Royale und Bienengift: Propolis hat starke antibakteriellen, pilzhemmende und antiallergischen Eigenschaften und unterstützt dadurch jeden Heilungsprozess.
Das Heilen mit Bienenprodukten ist eine der ältesten Therapieverfahren. Die Heilwirkung von Honig, Propolis, Blütenpollen, Gelee Royale und Bienengift sind lange bekannt. Propolis hat starke antibakteriellen, pilzhemmende und antiallergischen Eigenschaften und unterstützt dadurch jeden Heilungsprozess. Blütenpollen ist aufgrund seines Reichtums an essentiellen Aminosäuren, sekundären Pflanzenstoffen (u. a. Flavonoide), organisch gebundenen Mineralstoffen und Vitaminen ein wichtiges Mittel zur Stärkung der Abwehrkräfte. Das Wachstum von Krebszellen (Neuroblastom) könnte gehemmt werden. Der Wirkstoff Artepillin C soll die Bildung neuer Blutgefäße im Tumor hemmen, was zum Aushungern und damit zur Schrumpfung führen kann. Heute weiß man, dass die Entstehung bestimmter Krebsarten im Zusammenhang mit Viren steht. In dem Propolis seine antivirale Wirkung entfaltet, kann eine krebsvorbeugende und krebshemmende Wirkung entstehen.

### 5.5.2 Enzympräparate

Enzyme sind Proteinketten, die biochemische Reaktionen auslösen. Sie könnten Umweltgifte neutralisieren und freien Radikalen, Bakterien, Viren und Pilzen entgegenwirken.

Die Dosierung für eine Therapie und eine Kombination von Präparaten legt der Arzt für jeden Patienten individuell fest.

Bei einer Erkrankung der Bauchspeicheldrüse verschreibt der Arzt Enzympräparate. Hierfür verwendet man Enzyme, die aus der Bauchspeicheldrüse des Hausschweins stammen.

Durch Zufuhr von Enzymkombination geht man davon aus, dass das Immunsystem positiv beeinflusst oder die Entzündungsheilung gegebenenfalls beschleunigt wird.

Die Einnahme von Enzympräparaten löst manchmal allergische Reaktionen aus. In einigen Fällen tritt eine Verdauungsstörung in Form von Blähungen, Übelkeit, Bauchschmerzen, Erbrechen und Durchfall auf.

Keine Enzymtherapie während der Schwangerschaft.

### 5.5.3 Weihrauch

Entzündungshemmend, beruhigend.

Als Räucherwerk oder Salbe oder Dragees

## 5.6 Speisezugabe

### 5.6.1 Gelbwurz (Kurkuma)

Fördert die Entleerung der Gallenwege, gut gegen Magen-Darmbeschwerden. Antioxidativ, antiviral, antibakteriell und entzündungshemmend.

Für eine tägliche, dauerhafte Einnahme, kann Kurkuma zu Kartoffelpüree, Milchspeisen, Suppen oder Soßen beigemengt werden.

Wirkstoffe: äth. Öl, Bitterstoffe, Curcumin, Stärke

Gelbwurz oder Tumeric - Hat beeindruckende Erfolge bei der Behandlung von Karzinogenen und Mutagenen bei Labortieren erzielt. Konzentrierter Gelbwurz zeigte ein Vermehrung der Glutathion S-Transferase-Enzyme, die für das Leben und die Leberentgiftung von wesentlicher Bedeutung sind.

Medizinische Anwendungen: Amenorrhoea, Blutarmut, Arthritis, Asthma, Blutgerinnsel, Krebs, Candida, Katarrh, aufbauend, Husten, Ruhr, Dysmenorrhöe, Ekzeme, Winde, Gallenblasen-Erkrankungen, Gallensteine, Gastritis, Herzleiden, Hepatitis, zu hohem Cholesterinspiegel, Verdauungsstörungen, reizbarem Darm, Gelbsucht, Leberentgiftung, Schutz der Leber, Übelkeit, Fettleibigkeit,

Rachenkatarrh, Hautkrankheiten, einschließlich parasitischer Hautinfektionen, Traumata, Harnwegskrankheiten, Tumore an der Gebärmutter.
Eigenschaften: Alterativ, schmerzlindernd, antibiotisch, anti-koagulant (hemmt Blutgerinnung) antifungal, entzündungshemmend, antioxidierend, antiseptisch, aromatisch, adstringierend, galletreibend, kreislaufanregend, verdauungsfördernd, den Eintritt der Monatsblutung förderndes Mittel, leberstärkend, Stimulans, unterstützt die Wundheilung. Bei Verschluss der Gallenwege oder Gallensteinen sollte man auf Kurkuma verzichten.

### 5.6.2 Leinsamen

Gut gegen Verstopfung, trockener unproduktiver Husten, Gastritis, Divertikulitis und lokale Hautentzündungen.
2–3 EL ganze Leinsamen mit ½ l Wasser 10 Min. köcheln und weitere 20 Min. quellen und abkühlen lassen. In heißen Getränken, Suppen, warmen Speisen einnehmen.
Die Verdauungswirkung wird erheblich verstärkt, wenn die Samen gut gekaut werden. Für Kinder von 6–12 Jahren die Dosis halbieren.

## 5.7 Verschiedene Möglichkeiten

### 5.7.1 Reishi

Regeneriert die Leber, wirkt entgiftend und entzündungshemmend. Gut gegen chronischer Hepatitis, Schwellungen, Rötungen
und Juckreiz. Reguliert das Immunsystem, weckt und unterstützt die Selbstheilungskräfte. Verbessert die Sauerstoffsättigung des Blutes.
Als Zugabe zu Tee, Kakao oder Kaffee. Als Kapseln, Extrakt, Pulver oder ganzer Pilz.
Reishi ist reich an Mineralstoffen und Spurenelementen Magnesium, Kalium, Calcium, Eisen, Zink, Kupfer, Mangan und organisch gebundenes Germanium, welches in der Tumortherapie und für die Interferonproduktion eine große Rolle spielt. Wertvollen Polysaccharide, Glykoproteine, Proteoglykane, Triterpene, Sterole, Alkaloide und eine Vielzahl weiterer hochaktiver Wirksubstanzen.

### 5.7.2 Rhabarbawurzel

Laxierend, gut bei Gastritis und Magengeschwüre. Regt Verdauung an.
Wirkstoffe: Anthrachinon, Antrachinonderivate, Gerbstoffe
Rhabarberwurzel stimuliert die Leber und die Gallengänge. Obwohl sie ein Abführmittel ist, verhindert sie Durchfall. Sie reinigt die Schleimschichten im Verdauungssystem und unterstützt die Entfernung

von Ablagerungen. Rhabarber ist ein wichtiger Leber- und Darmreiniger. Mit seinem hohen Gehalt an Vitamin A, B-Komplex und Kalzium unterstützt er den Wiederaufbau des Verdauungssystems und reduziert den Blutdruck sowie Entzündungen.

Als lokale Anwendung bei Entzündung des Mund- und Rachenraumes oder Fieberblasen.

Bei Dauergebrauch ist Kaliumverlust möglich. Wurzel nicht bei Schwangerschaft, Darmverschluss oder unter 12 Jahren verwenden!

# 6 Grundlagen der Ernährung

Die hier beschriebenen Grundlagen der Ernährung zeigen allgemeine Empfehlungen und beziehen sich nicht auf eine spezielle Therapieform. Die Empfehlungen der Therapie haben Vorrang.

## 6.1 Ernährung

Die regelmäßige Einnahme von Mahlzeiten in entspannter Atmosphäre. Ein wärmendes Frühstück gilt als guter Start in den Tag. Mittags sollte die Hauptmahlzeit stattfinden - das Abendessen am frühen Abend.

Die Beachtung von Hunger- und Sättigungsgefühlen: Nicht überessen und nicht hungern, so lautet die Regel.

Die frische Zubereitung der Speisen aus naturbelassenen, regionalen Produkten. Tiefgekühlte, hitzekonservierte, industriell vorgefertigte oder mikrowellengegarte Lebensmittel werden gemieden.

Die Auswahl von Lebensmittel nach der Jahreszeit: Im Sommer mehr kühlende Nahrung, im Winter mehr wärmende Nahrung.

Mindestens zweimal am Tag Gekochtes essen. Speisen und Getränke sollen möglichst handwarm, niemals eiskalt oder heiß sein.

Rohkost, kurz gegartes Gemüse, frisch gepresste Säfte und Mineralwasser werden üblicherweise nicht empfohlen. Milch und Milchprodukte stehen nur dann auf dem Speiseplan, wenn sie problemlos vertragen werden.

Therapeutische Rezepte nicht über einen längeren Zeitraum ohne Rücksprache mit dem Arzt oder Therapeuten einnehmen.

### 1. Vielseitig essen
Lebensmittelvielfalt genießen. Merkmale einer ausgewogenen Ernährung sind abwechslungsreiche Auswahl, geeignete Kombination und angemessene Menge nährstoffreicher und energiearmer Lebensmittel. (Einerseits Schutz vor Unterversorgung mit essentiellen Nährstoffen und andererseits Schutz vor einer überhöhten Zufuhr unerwünschter Inhaltsstoffe.)

### 2. Reichlich Getreideprodukte - und Kartoffeln
Brot, Nudeln, Reis, Getreideflocken (am besten aus Vollkorn), sowie

Kartoffeln enthalten kaum Fett, aber reichlich Vitamine, Mineralstoffe, Spurenelemente sowie Ballaststoffe und sekundäre Pflanzenstoffe. Diese Lebensmittel sollten mit möglichst fettarmen Zutaten verzehrt werden.

### 3. Gemüse und Obst - Nimm "5" am Tag ...

5 Portionen Gemüse und Obst am Tag, möglichst frisch, nur kurz gegart, oder auch eine Portion als Saft – idealerweise zu jeder Hauptmahlzeit und auch als Zwischenmahlzeit: Damit werden reichlich Vitamine, Mineralstoffe sowie Ballaststoffe und sekundären Pflanzenstoffe (z.B. Carotinoiden, Flavonoiden) zugeführt. Das Beste, was man für die eigene Gesundheit tun kann.

### 4. Täglich Milch und Milchprodukte, ein- bis zweimal in der Woche

Fisch; Fleisch, Wurstwaren sowie Eier in Maßen. Diese Lebensmittel enthalten wertvolle Nährstoffe, wie z.B. Calcium in Milch, Jod, Selen und Omega-3-Fettsäuren in Seefisch. Fleisch ist wegen des hohen Beitrags an verfügbarem Eisen und an den Vitaminen B1, B6 und B12 vorteilhaft. Mengen von 300 - 600 g Fleisch und Wurst pro Woche reichen hierfür aus. Fettarme Produkte bevorzugen, vor allem bei Fleischerzeugnissen und Milchprodukten.

### 5. Wenig Fett und fettreiche Lebensmittel

Fett liefert lebensnotwendige (essenzielle) Fettsäuren und fetthaltige Lebensmittel enthalten auch fettlösliche Vitamine. Fett ist besonders energiereich, daher kann zu viel Nahrungsfett Übergewicht fördern, möglicherweise auch Krebs. Zu viele gesättigte Fettsäuren fördern langfristig die Entstehung von Herz-Kreislauf-Krankheiten. Pflanzliche Öle und Fette bevorzugen (z.B. Raps-, Oliven- und Sojaöl und daraus hergestellte Streichfette). Auf unsichtbares Fett achten, das in Fleischerzeugnissen, Milchprodukten, Gebäck und Süßwaren sowie in Fast-Food- und Fertigprodukten meist enthalten ist. Insgesamt 70 - 90 Gramm Fett pro Tag reichen aus.

### 6. Zucker und Salz in Maßen

Nur gelegentlich Zucker und Lebensmittel, bzw. Getränke verzehren, die mit verschiedenen Zuckerarten (z.B. Glucose Sirup) hergestellt wurden. Kreativ mit Kräutern und Gewürzen und wenig Salz würzen. Jodiertes Speisesalz bevorzugen.

### 7. Reichlich Flüssigkeit

Wasser ist absolut lebensnotwendig. Jeden Tag rund 1-2 Liter Flüssigkeit trinken. Wasser (ohne oder mit Kohlensäure) und andere kalorienarme Getränke bevorzugen. Alkoholische Getränke sollten nicht konsumiert werden.

## 8. Schmackhaft und schonend zubereiten

Die jeweiligen Speisen bei möglichst niedrigen Temperaturen garen, soweit es geht kurz, mit wenig Wasser und wenig Fett - das erhält den natürlichen Geschmack, schont die Nährstoffe und verhindert die Bildung schädlicher Verbindungen.

## 9. Sich Zeit nehmen und das Essen genießen

Bewusstes Essen hilft, richtig zu essen. Auch das Auge isst mit. Sich beim Essen Zeit lassen. Das macht Spaß, regt an, vielseitig zuzugreifen und fördert das Sättigungsempfinden.

## 10. Auf das Gewicht achten und in Bewegung

Ausgewogene Ernährung, viel körperliche Bewegung und Sport (30 bis 60 Minuten pro Tag) gehören zusammen. Mit dem richtigen Körpergewicht fühlt man sich wohl und fördert die Gesundheit.
Thermik, Wirkrichtung, Verdauungskraft
Es gibt unterschiedliche Kriterien, die Wirksamkeit von Kräutern und Lebensmittel zu beurteilen. Der Einsatz der Kräuter und Zutaten basiert auf Beobachtung, was die Lebensmittel, Kräuter und Gewürze nach ihrem Verzehr im Körper bewirken. In der Medizin hat sich daraus folgendes System entwickelt: Jede Zutat oder Kraut hat eine Wirkrichtung. Außerdem gibt es noch Kräuter, die eine besondere Wirkung auf bestimmte Organe haben.

Voraussetzung für einen gesunden Stoffwechsel ist es, darauf zu achten, dass wir ausreichend Energie aus der Nahrung gewinnen und der Verdauungsprozess so wenig Energie wie möglich verbraucht. Eine bekömmliche Mahlzeit macht zufrieden und satt, verursacht keine Blähungen und keine Müdigkeit nach dem Essen. Richtiges Würzen erhöht die Bekömmlichkeit unserer Speisen. Es genügen oft schon geringe Mengen an Kräutern und Gewürzen. Sie dienen nicht dazu, uns satt zu machen, sondern helfen unseren Verdauungsorganen, die Nahrung zu verdauen.

# 6.2   Rezepte

Die Rezepte zeigen Ihnen welche Zutaten verwendet werden sowie mit der Kochanleitung wie diese zubereitet werden. Bei den Zutaten wird neben den Mengenangaben auch die Wichtigkeit für die Therapie angezeigt. Wenn dabei angezeigt wird "weniger als angegeben" versuchen Sie diese Empfehlung einzuhalten oder eine Alternative aus der Liste der "Empfohlenen Lebensmittel" zu finden. Meistens ist es nur eine leichte geschmackliche Änderung wenn Sie diese Zutat gänzlich weglassen.

Schonende Kochmethoden: Kochen, dämpfen, pochieren, dünsten
Scharfe Kochmethoden: Grillen, rösten, anbraten, räuchern
Ausgeglichene Kochmethoden: Frittieren, Römertopf

Auf das Einfrieren und erwärmen in der Mikrowelle sollte verzichtet werden (Denaturierung).

## 6.3   Lebensmittel

Lebensmittel wirken wie Heilkräuter auf Körper und Geist, nur wesentlich sanfter. Die Ernährungsberatung stützt sich hauptsächlich auf heimische Lebensmittel. Das Wissen über die Wirkungsweisen jedes einzelnen Lebensmittels und das Wissen wann welche Lebensmittel zur Anwendung kommen, entstammt der Schulmedizin. Verwende Sie möglichst Erzeugnisse aus ökologischen-biologischem Landbau.

Da wegen der besseren Verdaulichkeit grundsätzlich alles lange gekocht und kaum roh gegessen wird, ist die Verträglichkeit hervorragend.

Die Einteilung der Lebensmittel entsprechend ihrer Wirkung auf den Körper und bildet die Basis, um einen ausgewogenen und harmonischen Gesundheitszustand im Körper zu erreichen.

Grundsätzlich empfiehlt die Ernährungsberatung keine bestimmten Lebensmittel für Jedermann. Ausschlaggebend für den individuellen Speiseplan ist vor allem die persönliche Konstitution.

Kaufen Sie nur frisches und reifes Obst und Gemüse ein. Braune Stellen, welke Blätter aber auch unreifes Obst und Gemüse sollten Sie im Supermarkt zurücklassen. Greifen Sie dann zu Tiefkühlware (keine Fertiggerichte!). Tiefkühlobst und -gemüse werden kurz nach dem Ernten schockgefroren und enthalten deshalb oftmals mehr Vitamine und Mineralstoffe, als die Ware aus der Obst- und Gemüsetheke! Konserven- und Dosenware dagegen enthält wesentlich weniger Biostoffe. Zudem werden Letztere meist mit Salz, Zucker usw. angereichert. Lassen Sie die Zutaten nach dem Waschen nie im Wasser liegen, denn so gehen viele Vitalstoffe ins Wasser über! Putzen Sie Salate, Früchte und Gemüse erst unmittelbar vor Verzehr.

Beachten Sie bitte die hygienische Verarbeitung der Lebensmittel. Waschen Sie Ihre Salate, Früchte und Gemüse gründlich. Bei Gerichten mit Fleisch bereiten Sie zuerst die Zutaten vor und verarbeiten dann die Fleischprodukte. Reinigen Sie danach die Arbeitsflächen und Werkzeuge besonders gründlich. Holzunterlagen sollten regelmäßig mit leichtem Desinfektionsmittel behandelt werden um die Keimbildung einzuschränken.

Bewahren Sie Obst und Gemüse möglichst getrennt voneinander auf. Auch geerntete Früchte und Gemüse leben und strömen z.B. Ethylengas aus, das andere Sorten schneller reifen und altern lässt. Fleisch und Fisch in der verschlossenen Verpackung lassen oder in luftdichten Boxen im Kühlschrank aufbewahren.

## 6.4 Kräuter

Bei der Aufbewahrung und Lagerung von Heilkräutern, müssen gewisse Grundregeln beachtet werden. Grundsätzlich müssen Heilkräuter geschützt vor direkter Sonneneinstrahlung, vor Feuchtigkeit und vor heißen Temperaturen gelagert werden.

Als Gefäße für die Lagerung von Heilkräutern können Gläser, Keramik-Behälter und zur Not auch Plastik-Dosen eingesetzt werden. Plastik ist aber ein sehr unreines Material und sollte daher wirklich nur eine kurzfristige Notlösung sein. Bei Glasbehältern ist darauf zu achten, dass dunkles Glas verwendet wird.

Heilkräuter können nicht beliebig lange aufbewahrt werden. Die Haltbarkeit von Heilkräutern ist auf jeden Fall begrenzt. Durch die Haltbarkeitsdauer kann durch sachgerechte Lagerung wesentlich erhöht werden. So soll der Lagerplatz dunkel, eher kühl und absolut trocken sein. Ein Medizinschrank aus Holz, der nicht direkt bei einer Wärmequelle platziert ist wäre ideal. Um Ihre Heilkräuter nicht wegwerfen zu müssen, kaufen Sie nicht zu große Mengen an Heilpflanzen. Beschriften Sie die Behälter mit dem Namen des Heilkrauts und dem Datum der Ernte bzw. der Verarbeitung.

# 7 Weitere Ernährungsvorschläge

Folgende Syndrome der Diätetik, der TCM oder als Therapieergänzung bei Krebs sind verfügbar.

## DIÄTETIK

1. Ernährung des Säuglings - Beikost
2. Ernährung in der Stillzeit
3. Ernährung im Alter
4. Ernährung von Kindern und Jugendlichen
5. Ernährung von Sportlern
6. Leichte Vollkost
7. Schwangerschaft
8. Vollkost

**Eiweiß und Elektrolyt – Nieren**
9. (Hämo-)Dialysebehandlung
10. Akutes Nierenversagen
11. Chronische Niereninsuffizienz
12. Nephrotisches Syndrom
13. Nierensteine (Nephrolithiasis)

**Gastrointestinaltrakt - Bauchspeicheldrüse**
14. Akute Pankreatitis (Entzündung der Bauchspeicheldrüse)
15. Chronische Pankreatitis (Entzündung der Bauchspeicheldrüse)

**Gastrointestinaltrakt - Dünndarm und Dickdarm**
16. Akute Obstipation (Verstopfung)
17. Chronische Obstipation (Verstopfung)
18. Colon irritabile
19. Divertikulitis
20. Erworbene Laktoseintoleranz (Laktosemalabsorption)
21. Fruktosemalabsorption
22. Glutensensitive Enteropathie (Zöliakie)
23. Kolektomie
24. Kurzdarmsyndrom

**Gastrointestinaltrakt - Leber, Gallenblase, Gallenwege**
25. Akute und chronische Hepatitis (Entzündung der Leber)
26. Cholelithiasis (Gallensteine)
27. Fettleber
28. Leberzirrhose

**Gastrointestinaltrakt - Magen und Zwölffingerdarm**
29. Akute Gastritis
30. Chronische Gastritis
31. Magenblutung
32. Ulcus ventriculi und Ulcus duodeni
33. Zustand nach Magenoperation

**Gastrointestinaltrakt - Mundhöhle und Speiseröhre**
34. Mundschleimhautentzündung
35. Ösophaguskarzinom (Speiseröhrenkrebs)
36. Reflüxösophagitis (Sodbrennen)

**spezielle Krankheiten**
37. Phenylketonurie (PKU)
38. Rheumatische Gelenkserkrankungen

**Stoffwechsel**
39. Adipositas (Übergewicht)
40. Diabetes mellitus
41. Essstörungen (Untergewicht)
**Fettstoffwechsel**
42. Hypercholesterinämie (erhöhter Cholesterinspiegel)
43. Hepatische Enzephalopathie
**Herz- und Kreislauf**
**44.** Arteriosklerose (Arterienverkalkung)
45. Herzinsuffizienz
46. Hypertonie (Bluthochdruck)
47. Hyperurikämie und Gicht
**veränderter Nährstoffbedarf**
48. bei Fieber
49. bei malignen Erkrankungen
50. nach Verbrennungen
51. Strahlen- und Chemotherapie

# KREBS
100. Bauchspeicheldrüse
101. Blasenkrebs
102. Blutkrebs (Leukämie)
103. Brustkrebs
104. Darmkrebs
105. Magenkrebs
106. Nierenkrebs
107. Speiseröhrenkrebs

# TCM
200. Blase - Feuchte Hitze in der Blase
201. Blase - Feuchtigkeit und Kälte in der Blase
202. Blase - Leere und Kälte in der Blase
203. Dickdarm - äussere Kälte befällt den Dickdarm
204. Dickdarm - Feuchte Hitze im Dickdarm
205. Dickdarm - Hitze blockiert den Dickdarm II akut
206. Dickdarm - Trockenheit des Dickdarms
207. Dickdarm - Yang Mangel (Kälte)
208. Herz - Blut Mangel
209. Herz - Blut Stagnation
210. Herz - Feuer
211. Herz - Heisser Schleim verstopft die Herzporen
212. Herz - Kalter Schleim verstopft die Herzporen
213. Herz - Qi Mangel
214. Herz - Yang Mangel
215. Herz - Yin Mangel
216. Leber - aufsteigender Leber-Yang
217. Leber - Blut-Mangel
218. Leber - Blut-Stagnation
219. Leber - feuchte Hitze in Leber und Gallenblase
220. Leber - Feuer
221. Leber - Gallenblase Qi-Leere
222. Leber - Kälte im Lebermeridian
223. Leber - Qi-Stagnation

224. Leber - Wind
225. Leber - Wind mit aufsteigendem Leber Yang
226. Leber - Wind mit Blutleere
227. Leber - Wind mit extremer Hitze
228. Lunge - Qi Mangel
229. Lunge - Schleim-Feuchtigkeit in der Lunge
230. Lunge - Schleim-Hitze in der Lunge
231. Lunge - Schleim-Kälte in der Lunge
232. Lunge - Trockenheit der Lunge
233. Lunge - Wind-Hitze befällt die Lunge
234. Lunge - Wind-Kälte befällt die Lunge
235. Lunge - Yin Mangel
236. Magen - Blutstagnation
237. Magen - Feuer
238. Magen - Magenkälte mit Flüssigkeit
239. Magen - Nahrungsstagnation
240. Magen - Qi Mangel
241. Magen - rebellierendes Magen Qi
242. Magen - Yin Leere
243. Milz - Hitze und Feuchtigkeit befällt die Milz
244. Milz - Kälte und Feuchtigkeit befällt die Milz
245. Milz - Qi Mangel
246. Milz - Qi Mangel + Absinkendes MilzQi
247. Milz - Qi Mangel + Milz kontrolliert das Blut nicht
248. Milz - Yang Mangel
249. Niere - Herz und Niere kommunizieren nicht mehr
250. Niere - Jing Mangel
251. Niere - Nieren können das Qi nicht empfangen
252. Niere - Qi ist nicht fest
253. Niere - Yang Mangel
254. Niere - Yin Mangel